象棋谱丛书

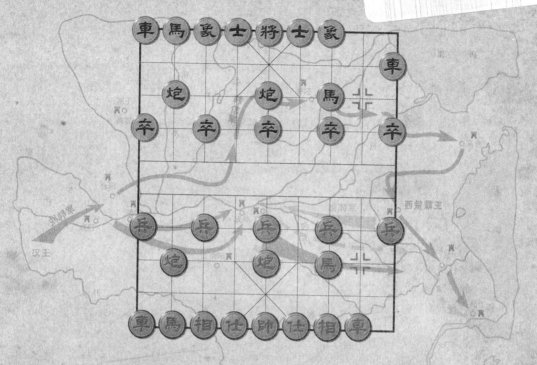

顺炮直车对横车

黄少龙 段雅丽 编

杜彬 棋局整理

经济管理出版社·棋书中心

图书在版编目（CIP）数据

顺炮直车对横车/黄少龙，段雅丽编 . —北京：经济管理出版社，2014.2

ISBN 978-7-5096-2946-8

Ⅰ.①顺…　Ⅱ.①黄…②段…　Ⅲ.①中国象棋–布局（棋类运动）　Ⅳ.①G891.2

中国版本图书馆 CIP 数据核字（2014）第 025586 号

组稿编辑：张　达　王　琼
责任编辑：郝光明　史岩龙
责任印制：黄章平
责任校对：超　凡

出版发行：经济管理出版社
　　　　　（北京市海淀区北蜂窝 8 号中雅大厦 A 座 11 层　100038）
网　　　址：www. E-mp. com. cn
电　　　话：(010) 51915602
印　　　刷：保定金石印刷有限公司
经　　　销：新华书店
开　　　本：720mm×1000mm/16
印　　　张：12.75
字　　　数：222 千字
版　　　次：2014 年 3 月第 1 版　2014 年 3 月第 1 次印刷
印　　　数：1—5000 册
书　　　号：ISBN 978-7-5096-2946-8
定　　　价：35.00 元

总　序

具有初、中级水平的棋友，如何提高棋力？这是大家关心的问题。

一是观摩象棋大师实战对局，细心观察大师在开局阶段怎样舒展子力、部署阵型，争夺先手；在中局阶段怎样进攻防御，谋子取势、攻杀入局；在残局阶段怎样运子，决战决胜，或者巧妙求和。从大师对局中汲取精华，为我所用。

二是把大师对局按照开局阵式分类罗列，比较不同阵式的特点、利弊及对中局以至残局的影响，从中领悟开局的规律及其对全盘棋的重要性。由于这些对局是大师们经过研究的作品，所以对我们有很实用的价值，是学习的捷径。

本丛书就是为满足广大棋友的需要，按上述思路编写的。全套丛书以开局分类共51册，每册一种开局阵式。读者可以选择先学某册开局，并在自己对弈实践中体会有关变化，对照大师对局的弈法找出优劣关键，就会提高开局功力，然后选择另一册，照此办理。这样一册一册学下去，掌握越来越多的开局知识，你的开局水平定会大为提高，赢棋就多起来。

本丛书以宏大的气魄，把象棋开局及其后续变化的巨大篇幅展示在读者面前，是棋谱出版的创举，也是广大棋友研究象棋的好教材，相信必将得到棋友们的喜爱。

黄少龙

2013.11.6

前 言

　　顺炮直车对横车古已有之，是最早的布局，详载于《橘中秘》棋谱。20 世纪 50 年代之前，基本上限于红直车过河对黑横车右肋的阵式，后来就有很大的发展。由于红跳左边马的攻击力不强，而黑又出现弃 3 卒右马急进的对攻态势，于是红方革新阵式，改为挺三兵左正马局型，开辟了新顺炮时代。

　　目前红方进攻的方式有右马跃出、两头蛇兵阵、卸炮仕角等，黑方对攻的方式有右马屯边、肋车过河、双横车等。双方对攻激烈，与旧顺炮局完全不同。

　　从近期实践来看，这个布局处于相对稳定阶段。对于黑方的各种应法，红方均有进击棋路，仍能略持先手，黑方缺乏出其不意的反击手段。双方攻守变化，不及中炮对屏风马局有较大空间，这就限制了后走方选择顺炮局的余地。只在竞赛的关键时刻，或快棋情况下，后走方决心拼搏以求一逞，才选择顺炮局。

黄少龙　段雅丽

2013. 11. 6

目　录

第一章　两头蛇

第1局　唐丹负张国凤

1. 炮二平五　炮 8 平 5
2. 马二进三　马 8 进 7
3. 车一平二　车 9 进 1
4. 马八进七　车 9 平 4
5. 兵三进一　马 2 进 3
6. 兵七进一　车 1 进 1
7. 相七进九　车 4 进 5（图 1）
8. 马三进四　车 4 平 3
9. 车九平七　卒 3 进 1
10. 车二进六　卒 5 进 1
11. 兵七进一　车 1 平 6
12. 马四进三　车 6 进 2
13. 兵三进一　车 3 退 2
14. 马七进六　炮 5 进 4!
15. 炮五进三?　车 3 平 5
16. 车七进七　车 5 平 4
17. 马六进四　炮 5 退 5
18. 车二进二　炮 2 进 1!
19. 车七平三　炮 5 进 3!（图 2）

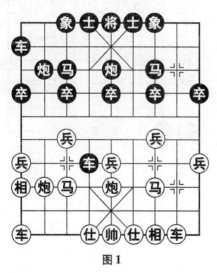

图 1

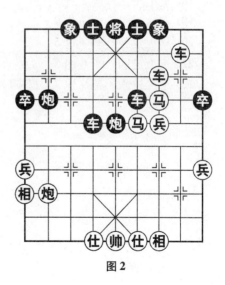

图 2

第2局　邬正伟负王大明

1. 炮二平五　炮8平5
2. 马二进三　马8进7
3. 车一平二　车9进1
4. 马八进七　车9平4
5. 兵三进一　马2进3
6. 兵七进一　车1进1
7. 仕六进五　车4进5（图3）
8. 相七进九　车1平6
9. 车九平六　车4平3
10. 车六进二　车6进5
11. 炮八退二　炮2进5
12. 炮八平七?　车3平2
13. 马七进六　炮2进2!
14. 炮七进六?　车6进2
15. 兵七进一　车2进2
16. 马六进八　炮2平1!
17. 马八进七　士4进5
18. 炮七平三　车2进1!
19. 车六退二　象7进9
20. 马七退五　马7进5
21. 炮五进四　车6退5
22. 车二进六　象9退7!（图4）

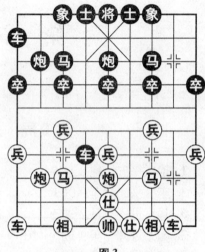

图3

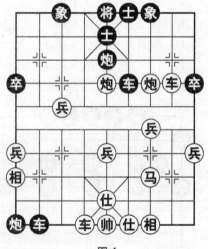

图4

第3局 蒋川胜汪洋

1. 炮二平五　炮8平5
2. 马二进三　马8进7
3. 车一平二　车9进1
4. 马八进七　车9平4
5. 兵三进一　马2进3
6. 兵七进一　车1进1
7. 相七进九　车4进5
8. 马三进四　车4平3（图5）
9. 车九平七　卒3进1
10. 炮五平三　卒3进1
11. 炮三进一　车1平6！
12. 炮三平七　卒3进1
13. 马四进三　车6进2
14. 兵三进一　马3进4！
15. 车二进四　卒3进1
16. 车二平六！卒3平2
17. 车六进一　卒5进1？
18. 车七进九　士6进5
19. 车七退二　炮2进1
20. 马三进一！卒5进1
21. 马一进三　将5平6
22. 兵三平四！卒5进1
23. 车七平五！炮2平5
24. 仕六进五（图6）

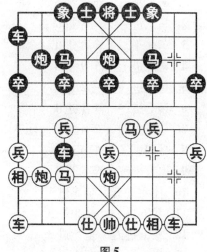

图5

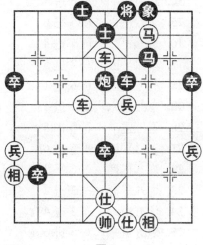

图6

第4局 吕钦负胡荣华

1. 炮二平五　炮8平5
2. 马二进三　马8进7
3. 车一平二　车9进1
4. 马八进七　车9平4
5. 兵三进一　马2进3
6. 兵七进一　车1进1
7. 马三进四　车4平6（图7）
8. 马四进三　车6进2
9. 炮五平三　卒5进1
10. 仕六进五　卒5进1
11. 兵五进一　马3进5
12. 相七进五　炮5进3
13. 车九平六　车1平6!
14. 相三进一　士6进5
15. 车六进六　将5平6
16. 炮八退二　前车进4!
17. 车六平五　马7进5
18. 马三进四　将6进1
19. 车二进六　炮2进1!
20. 炮三进一　车6平5
21. 车二平四　士5进6
22. 炮八进四　车5平3!
23. 炮八平五　车3进2
24. 仕五退六　车3退4!
25. 炮五退一　马5进6（图8）

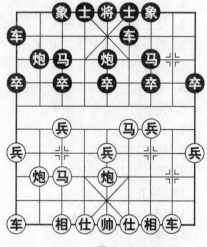

图7

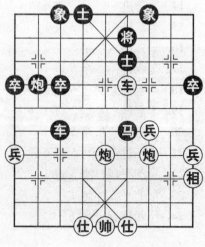

图8

第5局　徐天红胜马仲威

1. 炮二平五　　炮8平5
2. 马二进三　　马8进7
3. 车一平二　　车9进1
4. 马八进七　　车9平4
5. 兵三进一　　马2进3
6. 兵七进一　　车1进1
7. 相七进九　　卒5进1（图9）
8. 炮八进四　　炮5进1！
9. 炮八平五　　马3进5
10. 仕六进五　　炮2平5
11. 马三进四　　卒3进1
12. 兵五进一！　卒3进1
13. 兵五进一　　卒3进1？
14. 马七退六　　炮5进2
15. 车二进五！　炮5进1
16. 马四进五　　马7进5
17. 车二平五　　车4进4
18. 车五进一　　象3进5
19. 车五平七　　炮5退1
20. 车七退三　　车4平7
21. 车七平五！　炮5进3
22. 相三进五　　车7平6
23. 马六进八　　卒1进1
24. 马八进七　　车6退2
25. 车九平八（图10）

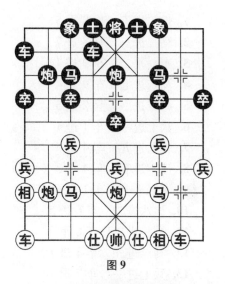

图9

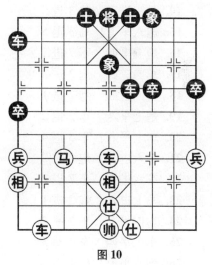

图10

第6局 金波胜林宏敏

1. 炮二平五　炮8平5
2. 马二进三　马8进7
3. 车一平二　车9进1
4. 马八进七　车9平4
5. 兵三进一　马2进3
6. 兵七进一　车1进1
7. 相七进九　车4进5
8. 仕六进五　车4平3（图11）
9. 车九平七　车1平6
10. 炮八进二　车6进5
11. 马三进二!　车6平7
12. 马二进三　卒3进1?
13. 兵七进一　车7退1
14. 马三进五　象3进5
15. 炮八平七!　马3退5
16. 炮五平四　车7进1
17. 车二进四　炮2进3
18. 车二进四　炮2进1
19. 炮七平八　车3退2
20. 车七平六!　车3退4
21. 车六进三　炮2进2
22. 车六进五　车7退2
23. 马七进六　炮2进1
24. 炮四平七　车3平2
25. 车二平四　车7平3
26. 炮八平七!（图12）

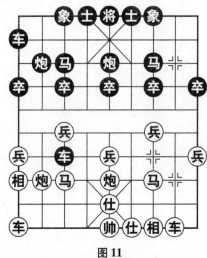

图 11

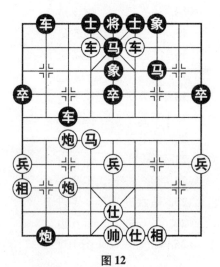

图 12

第7局 蔡伟林胜蔡忠诚

1. 炮二平五　炮8平5
2. 马二进三　马8进7
3. 车一平二　车9进1
4. 马八进七　车9平4
5. 兵三进一　马2进3
6. 兵七进一　炮2平1
7. 车九平八　车1平2
8. 炮八进四　车4进3（图13）
9. 车二进八！卒7进1
10. 车二平三　马3退5
11. 炮八进一！车2平1
12. 炮八平三　炮1平7
13. 炮五进四　车4退1
14. 马七进六！卒7进1
15. 仕四进五！炮7进5
16. 车三退四　炮7平8
17. 车三平四　车1进2
18. 车八进二　炮8进2
19. 相三进一　车4平5
20. 马六进五　马5进3
21. 马五退三　士4进5
22. 帅五平四！炮5平4
23. 车八平二　炮8平9
24. 车二进四　炮9退3
25. 车四退一　象3进5
26. 马三退五　炮4进4
27. 马五进六！（图14）

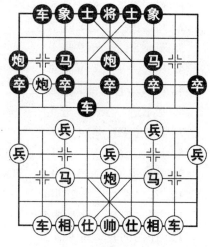

图13

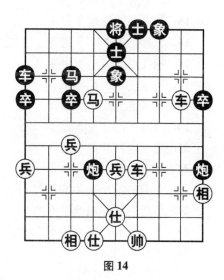

图14

第8局 李曰纯胜李忠雨

1. 炮二平五 炮8平5
2. 马二进三 马8进7
3. 车一平二 车9进1
4. 兵三进一 车9平4
5. 马八进七 马2进3
6. 兵七进一 车4进5
7. 马三进四 车4平3
8. 马七退五 卒3进1（图15）
9. 马五进三 卒3进1
10. 车二进八！炮2进4
11. 车二平三 炮5进4
12. 仕四进五 马3退5
13. 马四进六 卒3平4
14. 相七进九 车1进2
15. 车三平四 炮5退1
16. 车九平七 车3平3
17. 相九退七 车1平4
18. 马六进八 车4平3
19. 车四退五！炮2平4
20. 帅五平四 车3进1
21. 炮五进四！象3进5
22. 炮八平五 车3平2
23. 车四进四 炮4平7
24. 车四平三 炮5平6
25. 车三平五！卒4平5
26. 车五平四 马5进6
27. 车四退一！（图16）

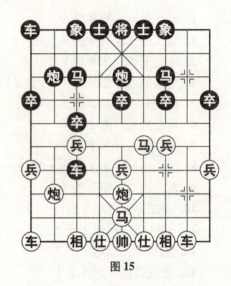

图 15

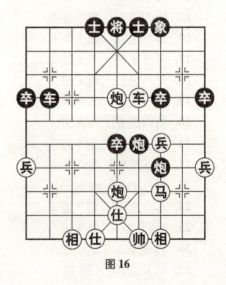

图 16

第9局 刘星负卜凤波

1. 炮二平五　炮8平5
2. 马二进三　马8进7
3. 车一平二　车9进1
4. 马八进七　马2进3
5. 兵三进一　车9平4
6. 兵七进一　车1进1
7. 马三进四　车4进7（图17）
8. 炮八进二　卒3进1
9. 兵七进一　车1平6
10. 马四进三　车6进2
11. 兵三进一　卒5进1
12. 炮八平七　马3进5
13. 兵七进一　卒5进1
14. 兵五进一　炮5进3
15. 仕四进五　炮2平5
16. 炮七进五　士4进5
17. 车九平八　马5进4！
18. 马七进六　车4退3
19. 车二进四　马7进5
20. 炮七平九　将5平4
21. 相七进九　象7进9
22. 炮九退二　马5进3
23. 相九进七　象9进7
24. 马三进二　车6进5
25. 车二退二　前炮平3
26. 兵七进一　炮5进1！
27. 马二进四　炮3进4！
28. 车八平七　马3进2！（图18）

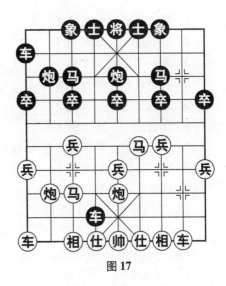

图17

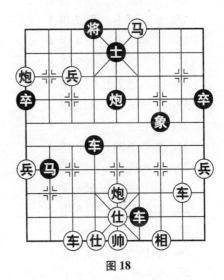

图18

第10局 肖革联胜荆聪

1. 炮二平五　炮8平5
2. 马二进三　车9进1
3. 车一平二　马8进7
4. 兵三进一　车9平4
5. 马八进七　马2进3
6. 兵七进一　车1进1
7. 车二进五　卒7进1（图19）
8. 车二平三　炮5退1
9. 马三进四　卒3进1！
10. 车三平七　车4进1
11. 车七进一　炮5平3
12. 车七平八　炮2进5
13. 炮五平八　马3进4
14. 马四进六　车4进2
15. 车八平七　象7进5
16. 车九平八　车4进4
17. 炮八进六！炮3平8
18. 车八进五！炮8进8
19. 兵三进一　象5进7
20. 车七进三　马7进8
21. 车七退四　马8进7
22. 炮八进一　士4进5
23. 马七进六！车1平4？
24. 车七进四　士5退4
25. 车七退一　士4进5
26. 车七平六　马7进9
27. 车八平三　车4平7
28. 车三平七！（图20）

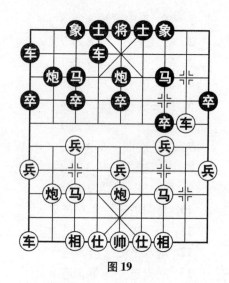

图19

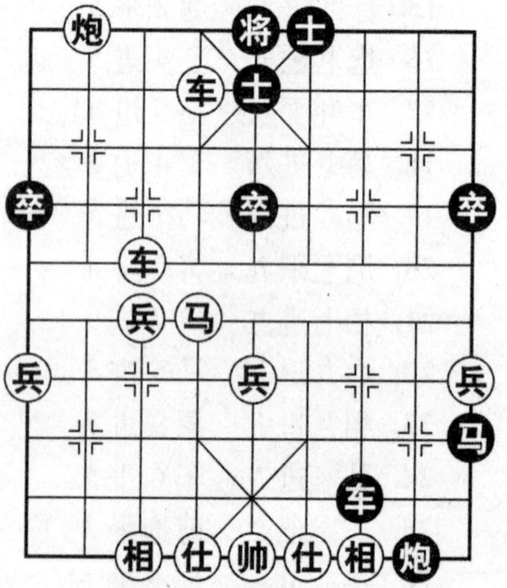

图20

第11局 郑乃东负孟辰

1. 炮二平五　炮8平5
2. 马二进三　车9进1
3. 车一平二　马8进7
4. 兵三进一　车9平4
5. 马八进七　马2进3
6. 兵七进一　炮2平1
7. 车九平八　车4进5
8. 马三进四　车4平3
9. 马四进六　车3进1
10. 马六进七　炮1进4
11. 炮八进七　炮5进4（图21）
12. 仕四进五　炮1平3
13. 相七进九　车3平1
14. 车二进七　前车平2
15. 车二平三?　车2进2
16. 帅五平四　车2退5!
17. 兵七进一　车2平3
18. 车三平四　士6进5
19. 车四退一　车1平2!
20. 炮五进四　士5进4
21. 马七进八　车3平5!
22. 炮五平九　炮3进3
23. 帅四进一　炮5平2
24. 炮九进三　炮2进2
25. 帅四进一　炮3平7
26. 炮九平七　将5进1
27. 车四进二　将5进1
28. 仕五进六　炮7平6!（图22）

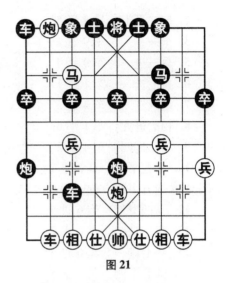

图 21

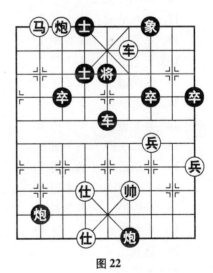

图 22

第12局 柳大华胜郑祥福

1. 炮二平五　炮8平5
2. 马二进三　马8进7
3. 车一平二　车9进1
4. 马八进七　马2进3
5. 兵三进一　车9平4
6. 兵七进一　车1进1
7. 炮八进二　车4进5（图23）
8. 相七进九　车1平6
9. 马三进四　车4平3
10. 车九平七　卒3进1？
11. 炮五平四　炮5平6
12. 马四退五！炮6进7
13. 车二进二！车3平2
14. 兵七进一　车6进4
15. 帅五平四　马3退5
16. 帅四平五　炮2平3
17. 炮八平五！炮3进5
18. 车七进二　车6平7
19. 车七进一　车7平4
20. 炮四退二　车2进1
21. 兵七平六　象7进5
22. 车七进五　卒7进1
23. 车二平四　马7进8
24. 车四进六　马5进3
25. 车七退一　士4进5
26. 车四退二　车2退4
27. 兵六平五！卒7进1
28. 炮五进二　车2退3
29. 车四进二（图24）

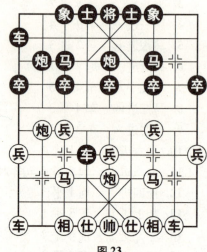

图 23

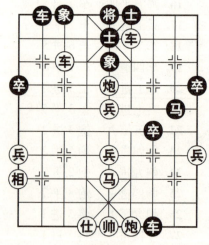

图 24

第13局　刘军负任建平

1. 炮二平五　炮8平5　　　2. 马二进三　马8进7
3. 车一平二　车9进1　　　4. 兵三进一　车9平4
5. 马八进七　马2进3
6. 兵七进一　车1进1
7. 车二进六　车1平3（图25）
8. 炮八平九?　卒3进1!
9. 兵七进一　马3退5
10. 车九平八　车3进3
11. 车八进七　车3进3
12. 车八退七　车4进4
13. 车二平三　炮5平3!
14. 炮九进四　象7进5
15. 车三平四　炮3进7
16. 仕六进五　车4平7
17. 车四退四　车3退4
18. 炮九进三　炮3退2!
19. 车四进五　炮3平7
20. 车四平五　马7进6
21. 炮五进四!　车7平4!
22. 车五平四　车3平5
23. 车四退二　车5进3
24. 炮九退三　马5进7
25. 车四平三　炮7平8!
26. 车三进二　炮8进2
27. 车八进一　车4平6
28. 帅五平六　车6平3
29. 仕五进六　车3进4!
30. 帅六进一　炮8退1!（图26）

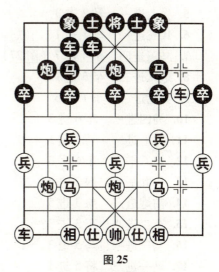

图25

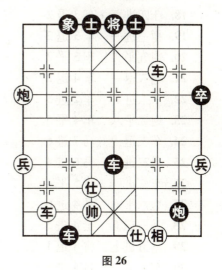

图26

第 14 局　许文学胜谢业枧

1. 炮二平五　炮8平5	**2.** 马二进三　车9进1
3. 车一平二　马8进7	**4.** 马八进七　车9平4
5. 兵七进一　马2进3	

6. 兵三进一　车1进1

7. 马三进四　车4进7（图27）

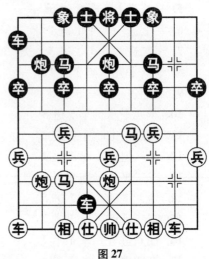

图 27

8. 炮八进二　卒3进1

9. 兵七进一　车1平6

10. 马四进三　车6进3

11. 兵七进一　马3退5

12. 炮八平五　车6平3

13. 车九平八　炮2进6

14. 前炮进三　象3进5

15. 车二进八！车3进3?

16. 马三进一！马5退3

17. 马一进三　将5进1

18. 仕四进五　车3退2

19. 相三进一　车3退2

20. 炮五平二！车3平2

21. 炮二退一　车4退2?

22. 车八进一　车2进5

23. 炮二平八　车4平5

24. 车二退一　马7进6

25. 兵三进一！马6进4

26. 车二进一　将5平4

27. 炮八平六　马4进6

28. 马三退五　士4进5

29. 马五进七！将4退1

30. 车二退一！将4进1

31. 马七退六（图28）

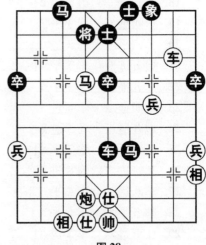

图 28

第15局 金松胜朱晓虎

1. 炮二平五 炮8平5　　2. 马二进三 车9进1

3. 车一平二 马8进7　　4. 马八进七 车9平4

5. 兵三进一 马2进3

6. 兵七进一 车1进1

7. 相七进九 车4进5（图29）

8. 马三进四 车4平3

9. 车九平七 卒3进1

10. 炮五平三 车1平6

11. 炮三进一 车3进1！

12. 车七进二 车6进4

13. 炮三进三 象7进9

14. 炮八进二 车6退2

15. 炮八进二 卒5进1

16. 兵七进一！车6平7

17. 兵七进一 车7进2

18. 兵七进一 炮5进4？

19. 兵七平八！车7平2

20. 车二进三 炮5退1

21. 炮八平三 马7进5

22. 车七进七 车2进2

23. 帅五进一！车2进1

24. 帅五退一 卒1进1

25. 炮三平二 士6进5

26. 车二平三 车2退1

27. 帅五进一 车2进1

28. 帅五退一 车2退6

29. 车三进三 马5退6

30. 车三平四 马6进8

31. 车四退一！（图30）

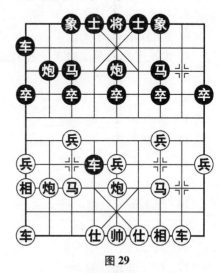

图29

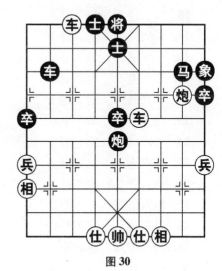

图30

第16局 李鸿嘉胜谢业枧

1. 炮二平五　炮8平5
2. 马二进三　马8进7
3. 车一平二　车9进1
4. 兵三进一　车9平4
5. 马八进七　马2进3
6. 兵七进一　车1进1
7. 炮八平九　车4进3（图31）

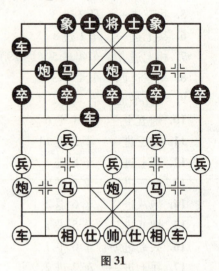

图31

8. 车九平八　卒3进1
9. 车八进四　车1平6
10. 车二进六　炮2退1！
11. 车二平三　卒3进1
12. 车八平七　马7退5
13. 车七平六　车6进3
14. 炮五平六　炮2进2
15. 车三退一！车6平7
16. 兵三进一　车4平7
17. 相三进五　炮5平7
18. 马七进八　象7进5
19. 车六进四　炮7退1
20. 车六退二　炮7进2
21. 车六进二　炮7退2
22. 车六退二　炮2进1
23. 马三进四　车7平6
24. 马四进六！象5退7
25. 车六进一　炮2退2
26. 马六进八！炮7平2
27. 车六退二　车6退2
28. 车六进三　炮7平2
29. 马八进六　前炮平4
30. 马六进八　车6进2？
31. 车六进一（图32）

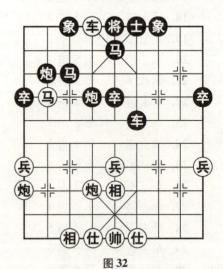

图32

第17局　陈翀负孙勇征

1. 炮二平五　炮8平5
2. 马二进三　马8进7
3. 车一平二　车9进1
4. 马八进七　马2进3
5. 兵三进一　车9平6
6. 兵七进一　车1进1
7. 仕六进五　车1平4（图33）
8. 相七进九　车4进5
9. 车九平六　车4平3
10. 车六进二　卒5进1
11. 车二进六　炮2进1!
12. 炮八退二　卒3进1
13. 车六进四　炮2进4!
14. 炮五进三　马7进5
15. 炮五进二　炮2平7!
16. 炮五平六　车3进1
17. 车六平五　车6平5
18. 车五进二　士4进5
19. 炮六退五　车3平1!
20. 兵七进一　车1平3
21. 炮八进四　车3退3
22. 车二退三　象3进5
23. 相三进五　炮7进1
24. 兵五进一　马3进4
25. 炮八进五　马4进3!
26. 仕五进四?　炮7平1
27. 车二平六　马3进1
28. 车六进五　马1进3
29. 炮六退一　车3平2
30. 炮八平九　车2进5
31. 帅五进一　车2平4!（图34）

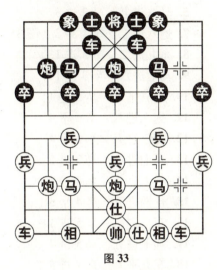

图33

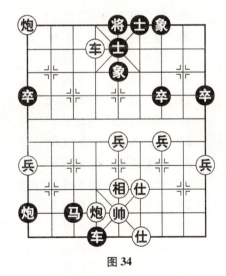

图34

第18局　杨官璘负胡荣华

1. 炮二平五　炮8平5
2. 马二进三　马8进7
3. 车一平二　车9进1
4. 兵三进一　车9平4
5. 马八进七　马2进3
6. 兵七进一　车1进1
7. 炮八进二　车1平3（图35）
8. 车九进二　卒5进1
9. 马七进六　卒3进1
10. 炮五平六　卒5进1！
11. 炮六进六　卒5平4
12. 相三进五　车3平4
13. 兵七进一　马3进5
14. 兵七进一　卒4进1
15. 仕四进五　卒4平5
16. 车二进三　卒5进1！
17. 相七进五　马5进4
18. 车九平六　马7进5
19. 车二平六　炮2进2！
20. 马三进四　炮2平6
21. 兵七进一　卒7进1
22. 炮八进三　炮5退1
23. 兵三进一　马5进7！
24. 马四退二　炮6平2！
25. 帅五平四　马7进8
26. 前车进一　炮2平6！
27. 炮八退六　马5进2
28. 前车进一　炮6退2
29. 前车进二　炮5退1！
30. 前车退二　马8退6
31. 前车平四　马6进7
32. 帅四平五　车4平8！（图36）

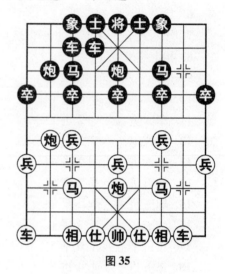

图 35

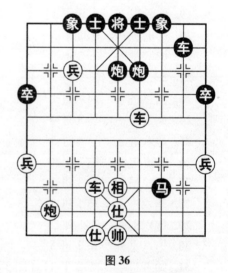

图 36

第19局 冯岚胜张国凤

1. 炮二平五　炮8平5
2. 马二进三　马8进7
3. 车一平二　车9进1
4. 兵三进一　车9平4
5. 马八进七　马2进3
6. 兵七进一　车1进1
7. 仕六进五　车4进5（图37）
8. 相七进九　车1平6
9. 车九平六　车4平3
10. 车六进二　卒5进1
11. 车二进六　马3进5
12. 炮八进四　卒3进1
13. 马七退六　卒5进1
14. 兵五进一　士6进5
15. 炮五进四　马7进5
16. 车二平三　马5进6
17. 车三进三　士5退6
18. 马三进四　车6进4
19. 兵五进一　车6退2
20. 炮八退四　炮2进4
21. 马六进五　卒3进1
22. 兵三进一　车6进5
23. 兵五进一　炮5平6
24. 车六进六！车3进1
25. 帅五平六！炮2退6
26. 马五进三！车6退2
27. 炮八进三　车6平5
28. 马三进四！车5退2
29. 马四进三　士4进5
30. 兵五进一！车5退2
31. 兵三平四　炮6退1？
32. 车六平五！（图38）

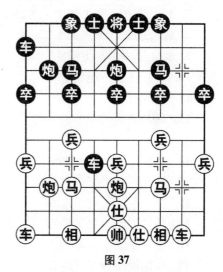

图 37

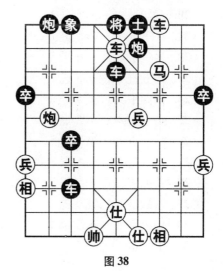

图 38

第 20 局　吕钦胜万春林

1. 炮二平五　炮8平5	2. 马二进三　马8进7
3. 车一平二　车9进1	4. 马八进七　车9平4
5. 兵三进一　马2进3	6. 兵七进一　车1进1

7. 相七进九　卒1进1（图39）

8. 仕六进五　卒1进1

9. 兵九进一　车1进4

10. 车二进五　炮2平1

11. 炮八退一　车4平1

12. 车九平六　炮1进5！

13. 炮八平九　炮1平5

14. 相三进五　后车平6

15. 炮九平七　卒7进1

16. 车二平三　马7进6

17. 马三进四　象7进9

18. 车三平二　马6退7

19. 马四进三　车6进2

20. 车二进一　卒5进1

21. 兵三进一　卒5进1

22. 兵三平四！车6平5

23. 兵五进一　车5进2

24. 兵四平五！车5进2

25. 马七进六　车5退2

26. 马三进五　象3进5

27. 马六进七　象5退3

28. 兵七进一　车5平3

29. 车六进八！象9退7

30. 炮七平六　车3退1

31. 车六退一　马7退5

32. 兵五平六！车3进5

33. 炮六退一（图40）

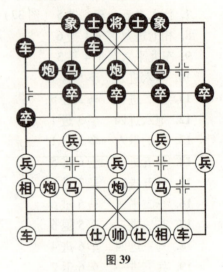

图 39

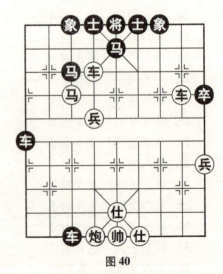

图 40

第 21 局　汪洋胜邱东

1. 炮二平五　炮 8 平 5　　　　2. 马二进三　马 8 进 7

3. 车一平二　车 9 进 1　　　　4. 马八进七　马 2 进 3

5. 兵三进一　车 9 平 6　　　　6. 兵七进一　车 1 进 1

7. 车二进六　车 1 平 4（图 41）

8. 炮八平九　车 4 进 3

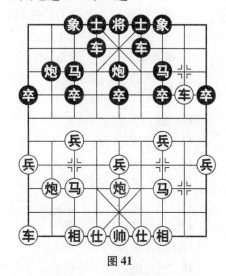

图 41

9. 车九平八　卒 3 进 1

10. 车八进四　炮 2 退 1

11. 车二平三　炮 2 平 3

12. 兵七进一　车 4 平 3

13. 马七进六　马 3 进 4

14. 车三进一！炮 3 进 8

15. 仕六进五　炮 3 平 1

16. 炮九平七！车 3 进 3

17. 马六退七　马 4 进 2

18. 炮五进四！士 4 进 5

19. 马七进八　车 6 进 2

20. 炮五平七！车 6 平 4

21. 马三进四　炮 5 平 4

22. 仕五进四！车 4 平 2

23. 马四进六　象 3 进 5

24. 车三退一　象 5 进 3

25. 炮七平五　象 7 进 5

26. 马六进四　将 5 平 4

27. 炮五退一！炮 4 退 1

28. 炮五平六　将 4 平 5

29. 马八进七　炮 4 平 3

30. 炮六平二　士 5 进 6

31. 炮二进四　将 5 进 1

32. 马四退五　车 4 退 3

33. 马七进八！（图 42）

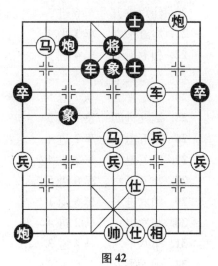

图 42

第22局　胡荣华胜李义庭

1. 炮二平五　炮8平5	2. 马二进三　车9进1
3. 车一平二　马8进7	4. 马八进七　车9平4
5. 兵三进一　马2进3	6. 兵七进一　车4进5

7. 相七进九　车1进1（图43）

8. 马三进四　车4平3

9. 车九平七　卒3进1

10. 车二进五　象3进1

11. 炮八进四　卒3进1

12. 车二平七　马3进2

13. 前车进二　炮2退2

14. 马四进六　卒3平4

15. 前车平八！炮2进3

16. 车八退一　车3退1

17. 马七进八！卒4平3

18. 马六进五　象7进5

19. 相九进七　车1平6

20. 仕六进五　车6进3

21. 炮五平九　车3平4

22. 相七退五　车4进1

23. 车七进七！车4平2？

24. 车七平五　马7退5

25. 炮九进四　象1退3

26. 车五退一　车2进4

27. 仕五退六　车2平4？

28. 帅五平六　车6进5

29. 帅六进一　车6退1

30. 帅六退一　马2进4

31. 车八平六　马4进3

32. 帅六平五　车6平2

33. 车六退四！（图44）

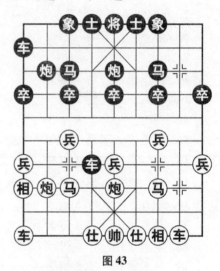

图43

图44

第 23 局 孙志伟负臧如意

1. 炮二平五　炮 8 平 5
2. 马二进三　马 8 进 7
3. 车一平二　车 9 进 1
4. 马八进七　车 9 平 4
5. 兵三进一　马 2 进 3
6. 兵七进一　车 1 进 1
7. 仕六进五　车 4 进 5（图 45）
8. 相七进九　车 1 平 6
9. 车九平六　车 4 平 3
10. 车六进二　车 6 进 3
11. 车二进八　马 7 退 5
12. 炮八退二　炮 2 进 5
13. 马七退六　炮 2 平 5
14. 马六进五　车 3 平 1
15. 马三进二？车 6 退 1
16. 炮八平七　卒 5 进 1
17. 马二进一　炮 5 进 4
18. 车二退三　卒 5 进 1
19. 马一进二　象 7 进 5
20. 车六进四！车 6 进 5
21. 炮七进一　车 6 退 2
22. 相九退七　马 5 退 7
23. 炮七进五　士 6 进 5
24. 帅五平六　炮 5 平 2！
25. 车二平八　车 1 进 3
26. 马五退三　车 6 平 9
27. 车八平四？炮 2 进 3
28. 帅六进一　车 1 退 1
29. 帅六进一　车 1 退 1
30. 车六平三　马 3 进 5
31. 车四进三？车 1 平 4
32. 帅六平五　马 5 进 6
33. 帅五平四　马 6 退 7！（图 46）

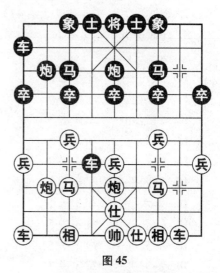

图 45

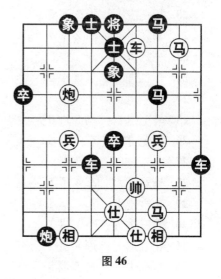

图 46

第 24 局　喻之青负钱洪发

1. 炮二平五　炮 8 平 5　　2. 马二进三　马 8 进 7

3. 车一平二　车 9 进 1　　4. 兵三进一　车 9 平 4

5. 马八进七　马 2 进 3　　6. 兵七进一　车 1 进 1

7. 炮八进二　车 4 进 7（图 47）

8. 仕四进五　车 1 平 6

9. 马三进四　卒 3 进 1

10. 炮五平四　炮 5 平 6

11. 马四退五　炮 6 平 5

12. 兵七进一　车 6 进 3

13. 兵七进一　马 3 退 5

14. 炮八平六　车 4 平 2

15. 炮四平三　车 6 平 3

16. 炮六平五　车 3 退 1

17. 炮五进三　象 3 进 5

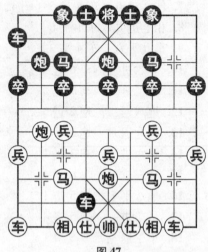

图 47

18. 兵五进一　炮 2 平 3！

19. 马五进六　车 3 进 3

20. 相三进五　炮 3 退 2

21. 车九平八　车 2 平 4

22. 马六进八　车 3 退 2

23. 车二进三？车 3 平 2！

24. 炮三退一　车 2 进 5

25. 马七退八　马 5 进 3！

26. 相七进九　车 4 退 3

27. 车二进四　马 3 退 5

28. 马八进六　车 4 平 5

29. 马六进七　车 5 退 1

30. 炮三进五　卒 1 进 1

31. 相五退七　炮 3 进 2

32. 车二进一　马 5 退 3

33. 车二平七？车 5 平 3！（图 48）

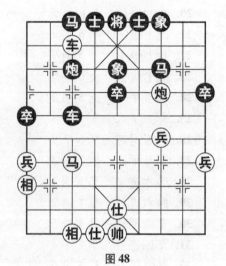

图 48

第 25 局 李锦欢胜武震

1. 炮二平五　炮 8 平 5
2. 马二进三　车 9 进 1
3. 车一平二　马 8 进 7
4. 马八进七　车 9 平 4
5. 兵三进一　马 2 进 3
6. 兵七进一　炮 2 平 1
7. 车九平八　车 4 进 5
8. 炮八平九　车 4 平 3（图 49）

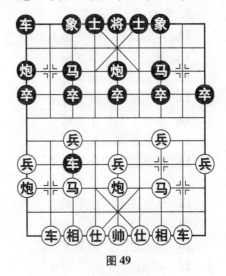

图 49

9. 马三退五　车 1 平 2
10. 车八进九　马 3 退 2
11. 车二进八　士 4 进 5
12. 炮五平三　炮 5 平 4
13. 相三进五　象 3 进 5
14. 车二平四　卒 3 进 1
15. 兵七进一　车 3 退 2
16. 炮三进四　象 7 进 9
17. 马七进八　炮 4 进 6!
18. 炮九平八　马 2 进 3
19. 马五进三　车 3 进 5
20. 车四退七!　车 3 退 1
21. 马八进七　炮 1 进 4
22. 马七进五　炮 1 进 3
23. 炮八退二　马 3 进 2
24. 车四进三!　炮 4 退 3
25. 车四进一　马 2 进 3
26. 车四平七!　炮 4 退 4
27. 车七进四　士 5 退 4
28. 车七平六　将 5 进 1
29. 马五退七!　炮 4 进 7
30. 车六退一　将 5 退 1
31. 马七进五!　士 6 进 5
32. 马五进三　将 5 平 6
33. 车六退四　士 5 进 6
34. 炮三平四!　士 6 退 5（图 50）

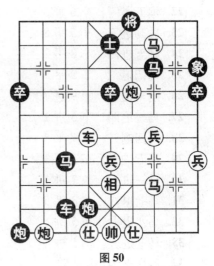

图 50

第26局 胡荣华胜刘星

1. 炮二平五 炮8平5	2. 马二进三 车9进1
3. 车一平二 马8进7	4. 马八进七 马2进3
5. 兵七进一 车9平4	6. 兵三进一 炮2平1
7. 车九平八 车1平2	8. 炮八进四 车4进6（图51）

9. 车八进二 车4退3

10. 车二进八 卒7进1

11. 车二平三 马3退5

12. 炮八进一! 象7进9

13. 炮八平三 车2进7

14. 炮三平九! 车2退5

15. 炮九平五 车2平5

16. 兵五进一! 卒7进1

17. 兵五进一 车4平5

18. 马三进五 前车平7

19. 车三退三 象9进7

20. 马七进六! 卒7平6

21. 马六进五 象7退9

22. 炮五退一! 卒6平5

23. 后马进三 车5平8

24. 马五进四 车8平2

25. 马四退三 车2平7

26. 前马退五 象9进7

27. 马三退四! 卒5进1

28. 马四进三 车7平5

29. 马五进七! 车5平3

30. 马三进五 象3进1

31. 马七退八 车3平5

32. 马八退七! 车5进1

33. 马七进五 马5进6

34. 后马进四!（图52）

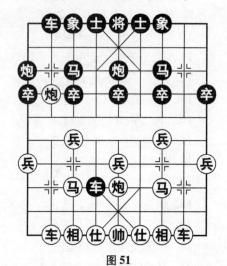

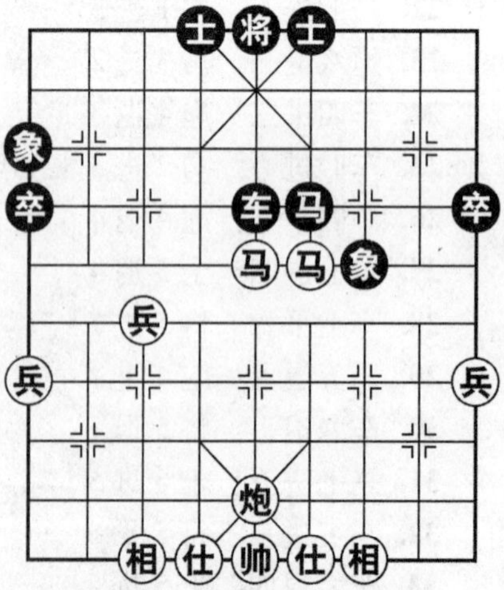

图51

图52

第 27 局　金启昌负张致忠

1. 炮二平五　炮 8 平 5　　　2. 马二进三　马 8 进 7

3. 车一平二　车 9 进 1　　　4. 马八进七　车 9 平 4

5. 兵三进一　马 2 进 3　　　6. 兵七进一　车 1 进 1

7. 仕四进五　车 4 进 7（图 53）　8. 炮五平四　卒 5 进 1

9. 马三进四　卒 5 进 1

10. 兵五进一　马 7 进 5

11. 马四进五　马 3 进 5

12. 炮八进二　车 1 平 6

13. 炮四平五　马 5 进 6！

14. 炮五进五　象 3 进 5

15. 车二进二　卒 7 进 1

16. 兵三进一　车 6 平 7！

17. 兵七进一　马 6 退 5

18. 兵七进一　车 7 进 3

19. 相三进五　马 5 进 3

20. 相五进七　象 5 退 3！

21. 车九进一　炮 2 平 5！

22. 车二退二　车 4 退 2

23. 车九进一　马 3 退 5！

24. 车二平四　车 7 进 2

25. 车四进六　车 7 进 3

26. 仕五退四　马 5 进 6

27. 仕六进五　马 6 进 7

28. 车四退四　炮 5 平 8！

29. 车四退一　炮 8 进 7

30. 仕五进四　车 7 平 6

31. 帅五进一　车 6 平 3！

32. 车九退一　车 3 退 2

33. 炮八退四　车 4 平 5

34. 帅五平六　炮 8 退 1！（图 54）

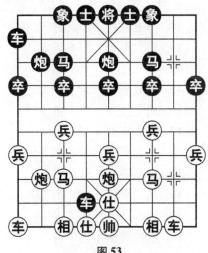

图 53

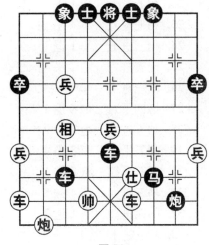

图 54

第28局 冯明光负付光明

1. 炮二平五　炮8平5
2. 马二进三　马8进7
3. 车一平二　车9进1
4. 马八进七　车9平4
5. 兵三进一　马2进3
6. 兵七进一　车1进1
7. 仕六进五　车4进5（图55）
8. 相七进九　车4平3
9. 车九平七　车1平6
10. 马七退六　车3进3
11. 相九退七　车6进3
12. 车二进六　炮5退1
13. 炮五平七　象3进1
14. 兵七进一　象1进3
15. 相七进五　车6平4
16. 车二平三　炮5平7
17. 车三平二　马7进6
18. 车二平三　炮7平1!
19. 炮八进三　车4进4!
20. 炮八平四　炮2进7
21. 炮七退二　炮1进5
22. 相五进七　炮1进3
23. 相七退九　车4平1!
24. 相三进五　车1退1
25. 仕五进六　炮2平4
26. 车三进三　车1平3!
27. 炮四平二　炮4退1
28. 帅五进一　炮4平2!
29. 帅五平四　车3平4
30. 车三平四　将5进1
31. 马三进四　车4进1
32. 帅四进一　炮1退2
33. 相五进七　炮1平3!
34. 仕四进五　车4退1!（图56）

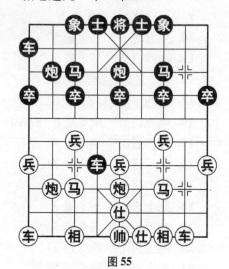

图55

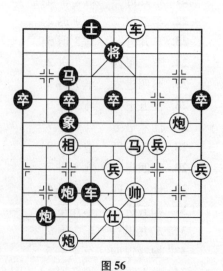

图56

第 29 局　高华胜黄子君

1. 炮二平五　炮8平5
2. 马二进三　马8进7
3. 车一平二　车9进1
4. 马八进七　车9平4
5. 兵七进一　马2进3
6. 兵三进一　车1进1
7. 相七进九　车4进5（图57）
8. 马三进四　车4平3
9. 车九平七　卒3进1
10. 兵七进一　车3退2
11. 马七进六　车3进5
12. 相九退七　车1平4
13. 马六进四　车4平6
14. 前马进五　炮2平5
15. 马四退三　马3进4
16. 车二进六　马4进6?
17. 马三进四　车6进4
18. 车二平三　炮5进4
19. 炮五进四!　炮5退2
20. 帅五进一　车6平5
21. 帅五平四　马7进5
22. 车三平五　士6进5
23. 炮八进四　车5平6
24. 帅四平五　炮5平3?
25. 炮八进三!　炮3退2
26. 车五进二　将5平6
27. 车五平六!　车6平5
28. 帅五平六　炮3平5
29. 车六进一　将6进1
30. 车六退一　将6进1
31. 兵三进一!　车5退2
32. 兵三平四　炮5平1
33. 车六进一　炮1退1
34. 车六退二!　象7进5
35. 炮八退七!（图58）

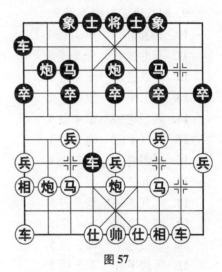

图 57

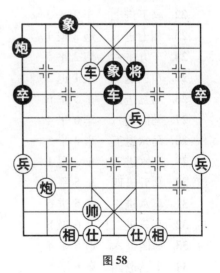

图 58

第 30 局　胡荣华胜朱永康

1. 炮二平五　炮8平5
2. 马二进三　车9进1
3. 车一平二　马8进7
4. 马八进七　车9平4
5. 兵三进一　马2进3
6. 兵七进一　车1进1
7. 炮八进二　车4进3（图59）
8. 仕六进五　车4平2
9. 炮八进三　炮5平2
10. 兵五进一　车1平4
11. 马七进五　士4进5
12. 车二进六　车4进5
13. 车二平三　象3进1
14. 兵三进一　车4退4
15. 兵三平四　炮2进1
16. 兵四进一　卒3进1
17. 兵五进一！卒3进1
18. 兵五进一！马7进5
19. 炮五进四！车4平5
20. 车三进三　马3进5
21. 兵四平五　车5进1
22. 马五进七　车2平3
23. 相七进五　炮2退1
24. 车九平六　炮2平5
25. 车三退二　象1退3
26. 马三进四　车5平6
27. 马四进六　车6平4
28. 马六退五　车4平5
29. 车六进五！车3退1
30. 马五进四　车5平6
31. 车六进三　士5进6
32. 车三进二！士6退5
33. 马四进六　炮5平4
34. 车三退四　车6平5
35. 车三平八　炮4平6

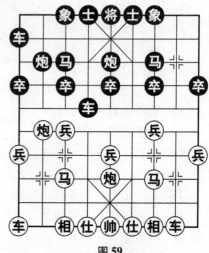

图 59

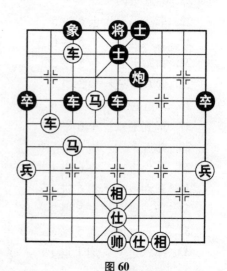

图 60

36. 车六平七！（图60）

第 31 局　朱学增负胡荣华

1. 炮二平五　炮 8 平 5
2. 马二进三　马 8 进 7
3. 车一平二　车 9 进 1
4. 马八进七　车 9 平 4
5. 兵三进一　马 2 进 3
6. 兵七进一　车 1 进 1
7. 马三进四　车 4 进 7（图 61）
8. 炮八进二　卒 3 进 1
9. 兵七进一　车 1 平 6
10. 马四进三　车 6 进 3
11. 兵七进一　马 3 退 5
12. 炮八平五　车 6 平 3
13. 车九平八　炮 2 平 4
14. 前炮进三　象 3 进 5
15. 车八进二？车 3 退 1
16. 炮五平四？炮 4 进 5！
17. 车八进二　炮 4 退 4
18. 相三进五　炮 4 平 7
19. 仕四进五　卒 5 进 1
20. 马七进六　车 3 平 4
21. 马六进四　前车退 3！
22. 车八进一　前车平 6
23. 车八平五　炮 7 平 2
24. 兵三进一　马 7 进 6
25. 兵三平四　炮 6 平 8
26. 车二进三　马 5 退 3
27. 炮四平二　炮 8 进 4
28. 车二退一　马 3 进 4
29. 兵四平三　车 4 进 6！
30. 仕五退六　马 4 进 5
31. 车二进四　马 5 进 4
32. 车二平六　马 4 进 3
33. 帅五进一　卒 1 进 1

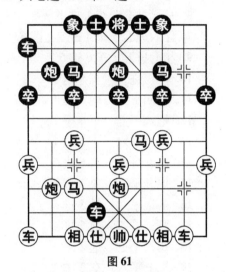

图 61

34. 车六平一　马 3 退 4
35. 帅五退一　车 6 进 3！
36. 仕六进五　马 4 进 3

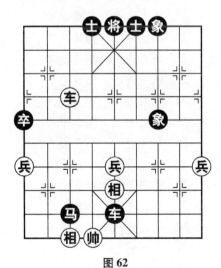

图 62

37. 帅五平六　车6平5　　　38. 车一平七　象5进7（图62）

第 32 局　唐丹胜刚秋英

1. 炮二平五　炮8平5　　　2. 马二进三　马8进7
3. 车一平二　车9进1　　　4. 兵三进一　马2进3
5. 马八进七　车1进1　　　6. 兵七进一　车1平4
7. 仕六进五　车4进5（图63）　　8. 炮五平四　车9平6

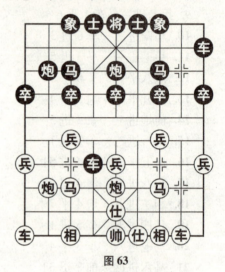

图 63

9. 相七进五　车6进5
10. 马三进二　车6退3
11. 炮四平三！炮5退1
12. 炮八平九　车4平2？
13. 车九平六　卒5进1
14. 炮九进四　车6进5
15. 炮九平三　象3进5
16. 前炮平六　马3进5
17. 马二进三　炮5平4
18. 车六平七　炮2平3
19. 车七平八　车2进3
20. 马七退八　车6退4
21. 车二进三　炮4平7
22. 马八进九　炮7进2
23. 炮三进四　车6进1
24. 炮六进一！士4进5
25. 炮六平三　炮3平7
26. 车二进三　马5退3
27. 马九进七　车6进1
28. 炮三平一　车6平9
29. 马七进九！车9平5
30. 马九进八　车5平4
31. 车二平七　将5平4
32. 兵九进一　炮7平8
33. 兵七进一　马3退2
34. 车七平二　象5进3？

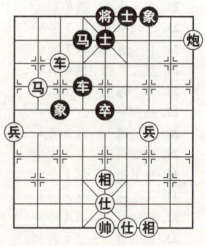

图 64

35. 车二进一　车4退3
36. 车二平八！马2进4
37. 车八平七　将4平5
38. 炮一进二！（图64）

第33局　王嘉良负胡荣华

1. 炮二平五　炮8平5
2. 马二进三　马8进7
3. 车一平二　车9进1
4. 马八进七　车9平4
5. 兵三进一　马2进3
6. 兵七进一　车1进1
7. 车二进五　车4进7（图65）
8. 炮八平九　炮2退1！
9. 车九进一　车4退2
10. 兵三进一　卒7进1
11. 车二平三　车4平3！
12. 车九平七　马7退9
13. 马三进四　卒3进1
14. 车三平七　车1进1
15. 炮五退一　炮2平3
16. 前车平四　马9进8
17. 车四平二　马8退6
18. 相三进五　士4进5
19. 炮五平三　炮5进4！
20. 仕六进五　炮5退1
21. 马七退九　车3平6
22. 马四退二　车6平7！
23. 兵七进一　象3进5
24. 车七进三　炮5进1
25. 车七退一　炮3进3
26. 车二退一　卒5退1
27. 兵九进一　车1平2
28. 炮九进一　马3进2！
29. 车二平八　卒5进1
30. 炮九平八　炮3平6！
31. 炮八进二　炮6进2
32. 车七进三　炮6平8

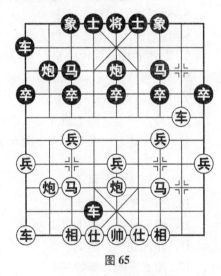

图65

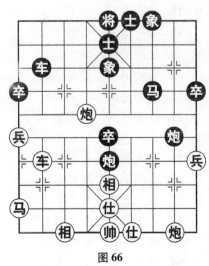

图66

33. 炮三平二　车7进2	34. 炮二退一　马6进5！
35. 车七平六　炮8退1！	36. 车八退一　车7退5
37. 车六平三　马5退7	38. 炮八平六（图66）

第34局　张强胜黄仕清

1. 炮二平五　炮8平5	2. 马二进三　马8进7
3. 车一平二　车9进1	4. 马八进七　车9平4
5. 兵三进一　马2进3	
6. 兵七进一　炮2平1	
7. 车九平八　车4进5	
8. 马三进四　车4平3	
9. 马四进六　车3进1	
10. 马六进七　炮1进4	
11. 炮八进五　车3退1（图67）	
12. 车二进八　车3平4	
13. 炮八进二　车1进2？	
14. 车二平七　炮5进4	
15. 炮五平六　炮1退2	
16. 帅五进一　炮1平5	
17. 帅五平四　前炮进1	
18. 仕四进五　车1平3	
19. 车七退一　后炮平6	
20. 仕五退四　马7退5	
21. 车七退一　炮6平5	
22. 仕四进五　车4平6	
23. 仕五进四　前炮退2	
24. 车八进五　车6平5	
25. 炮六平五！前炮平6	
26. 帅四平五　炮6退1	
27. 车八退三　车5平4	
28. 炮五平六！车4平5	
29. 炮六平五　车5平4	
30. 炮五平六　车4平5	

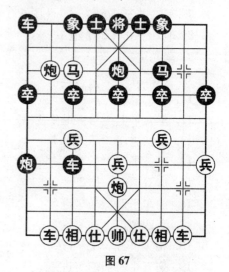

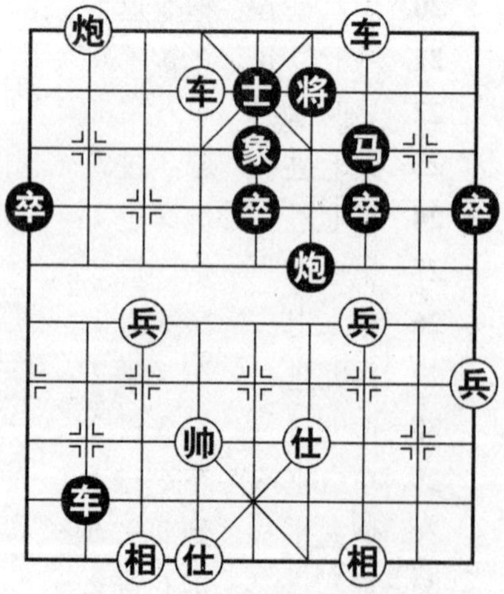

图67

图68

31. 炮六平五　马5进7　　　32. 帅五平六　象7进5

33. 炮五进三！车5退2　　　34. 车八平六　士6进5

35. 车六进六　车5平2　　　36. 车七进三！车2进4

37. 帅六进一　将5平6　　　38. 车七平六　将6进1

39. 前车平三！（图68）

第35局　蒋川负谢业枧

1. 炮二平五　炮8平5

2. 马二进三　车9进1

3. 车一平二　马8进7

4. 兵三进一　车9平4

5. 马八进七　马2进3

6. 兵七进一　车1进1

7. 相七进九　卒1进1（图69）

8. 仕六进五　卒1进1

9. 兵九进一　车1进4

10. 车二进五　车4进5

11. 炮八退一　车4平3

12. 车九平七　炮2进5！

13. 炮五平八　车1进2

14. 车二平八？卒3进1

15. 车八进一　卒3进1

16. 仕五退六　马3进4

17. 车八退一　马4进2

18. 马七退五？车1平2

19. 车七进三　卒3进1

20. 炮八进三　士6进5

21. 兵三进一　卒7进1

22. 车八平三　车2退2

23. 车三进二　炮5平1

24. 车三进二　士5退6

25. 车三退三　炮1进7

26. 马五退七　卒3进1

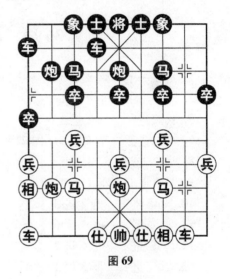

图69

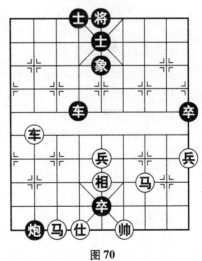

图70

27. 相三进五　卒 3 进 1　　　28. 车三平五　士 6 进 5

29. 车五平九　炮 1 平 2　　　30. 仕四进五　卒 9 进 1

31. 车九平七　卒 3 平 4　　　32. 帅五平四　车 2 退 1!

33. 车七退二　车 2 平 6　　　34. 帅四平五　车 6 平 7

35. 车七平三　车 7 平 2　　　36. 帅五平四　象 3 进 5

37. 车三平七　车 2 平 7　　　38. 车七平三　车 7 平 4

39. 车三平八? 卒 4 平 5! (图 70)

第 36 局　　尚威负李国勋

1. 炮二平五　炮 8 平 5　　　2. 马二进三　马 8 进 7

3. 车一平二　车 9 进 1　　　4. 马八进七　车 9 平 4

5. 兵三进一　马 2 进 3　　　6. 兵七进一　车 1 进 1

7. 车二进五　车 4 进 5 (图 71)

8. 马三进四　车 4 平 3

9. 马七退五　车 1 平 4

10. 马五进三　炮 2 进 3

11. 车二平六　车 4 平 6

12. 马四进三　车 6 进 2

13. 兵三进一　车 3 退 1

14. 仕六进五　士 6 进 5

15. 相七进九　卒 3 进 1!

16. 车六进三　车 3 平 7

17. 炮五平七　车 7 退 1

18. 相三进五　车 6 平 7

19. 炮七进五　前车进 3!

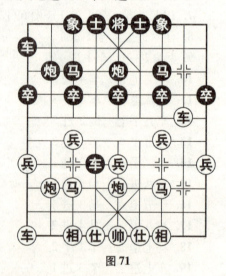

图 71

20. 车六平七!　将 5 平 6　　　21. 炮七进二　将 6 进 1

22. 炮八平三　车 7 平 4　　　23. 相九进七　炮 2 进 1

24. 兵一进一　炮 5 进 4!　　　25. 车九进二　炮 2 平 4

26. 车七退三　炮 4 退 4　　　27. 炮七平八　车 7 平 6

28. 炮八退九　马 7 进 6!　　　29. 车九平六　炮 4 平 8!

30. 帅五平六　车 6 平 6　　　31. 炮八进八　将 6 退 1

32. 炮八进一　将 6 进 1　　　33. 车六进三? 炮 5 退 2!

34. 车六退二　炮 8 进 7
35. 帅六进一　炮 8 退 5！
36. 炮八退七　炮 5 进 1！
37. 车七进一　炮 5 平 4
38. 车六平七　炮 4 退 3
39. 前车平五　马 6 退 4
40. 车七平六　马 4 进 3！（图 72）

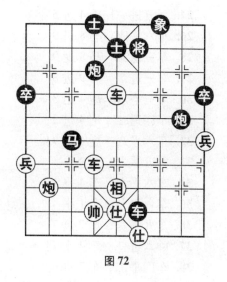

图 72

第 37 局　宗永生负阎文清

1. 炮二平五　炮 8 平 5
2. 马二进三　马 8 进 7
3. 车一平二　车 9 进 1
4. 马八进七　车 9 平 4
5. 兵七进一　马 2 进 3
6. 兵三进一　车 1 进 1
7. 相七进九　卒 1 进 1（图 73）
8. 车二进五　卒 1 进 1
9. 兵九进一　车 1 进 4
10. 炮八退一　车 4 进 6
11. 车九平七　车 1 进 2！
12. 马七进八　车 4 平 5！
13. 相三进五　车 1 平 5
14. 仕六进五　车 5 平 2！
15. 车七进二　车 2 退 2
16. 炮八进六　车 2 退 3
17. 兵三进一　卒 7 进 1
18. 车二平三　马 3 退 5
19. 车七平六　炮 5 平 4
20. 马三进四　象 7 进 9
21. 车三进一　炮 4 进 1！
22. 车三退四　马 7 进 6
23. 车六进三　马 5 进 7

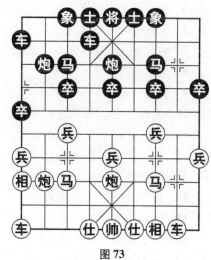

图 73

24. 兵五进一! 士 4 进 5

25. 马四进二　马 7 进 8

26. 车六平四　马 8 进 9

27. 车三进一　马 9 进 8

28. 车三退二　马 8 退 9

29. 车三进二　马 9 进 8

30. 车三平六　炮 4 退 3

31. 车四退二　炮 4 进 2

32. 车六平八　炮 4 平 7!

33. 帅五平六　车 2 平 4

34. 车八平六　车 4 平 1

35. 车六平九　车 1 平 4

36. 车九平六　炮 7 进 7

37. 帅六进一　车 4 平 7!

38. 车四平二　车 7 进 6

39. 车二退一　车 7 平 6!

40. 车六平二?　马 8 进 6!（图 74）

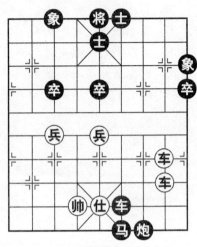

图 74

第 38 局　洪智胜程进超

1. 炮二平五　炮 8 平 5

2. 马二进三　马 8 进 7

3. 车一平二　车 9 进 1

4. 马八进七　车 9 平 4

5. 兵三进一　马 2 进 3

6. 兵七进一　车 1 进 1

7. 相七进九　车 4 进 5（图 75）

8. 马三进四　车 4 平 3

9. 车九平七　卒 3 进 1

10. 炮五平三　卒 3 进 1

11. 炮三进一　车 1 平 6!

12. 炮三平七　卒 3 进 1

13. 马四进三　车 6 进 2

14. 兵三进一　马 3 进 5

15. 仕六进五　卒 3 进 1

16. 车七进二　马 4 进 5

17. 车七平六!　卒 5 进 1

18. 车二进四　炮 2 进 2

19. 车二平八!　炮 2 平 7

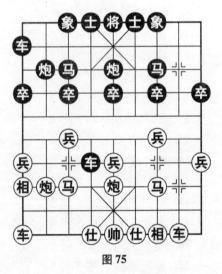

图 75

20. 车八进五！ 马5退4　　21. 车八平七　 炮5平2
22. 车六平五　 车6平7　　23. 车五进三　 马4退5
24. 车七平八　 炮2进1　　25. 炮八平七！ 炮2平3
26. 车八退三！ 炮7进3　　27. 相九进七！ 炮3平5
28. 帅五平六　 车7进3
29. 车八平六　 士4进5
30. 车五平八　 炮7平8
31. 相七退九　 炮8退6
32. 车八进四　 士5退4
33. 炮七进七　 将5进1
34. 车八退一！ 马5退3
35. 炮七平九　 炮5平7
36. 炮九退一　 炮7进6
37. 帅六进一　 炮8进7
38. 仕五进四　 将5平6
39. 车八平七　 将6进1
40. 车七退一！（图76）

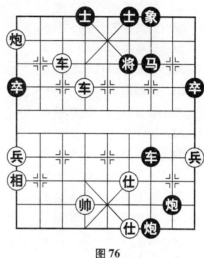

图76

第39局　胡荣华胜赵国荣

1. 炮二平五　 炮8平5　　2. 马二进三　 马8进7
3. 车一平二　 车9进1
4. 马八进七　 车9平4
5. 兵三进一　 马2进3
6. 兵七进一　 车1进1
7. 仕六进五　 车4进5（图77）
8. 相七进九　 车4平3
9. 车九平七　 车1平6
10. 车二进五　 卒7进1
11. 车二平三　 马7进6
12. 马七退六　 车3进3
13. 相九退七　 象7进9
14. 车三平二　 炮2进2
15. 炮五平四！ 炮2平8

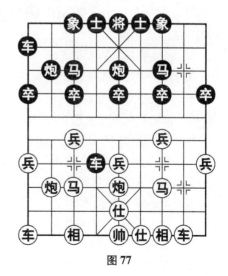

图77

16. 炮四进六　马6进5　　17. 相七进五　卒5进1

18. 马三进四　炮8平6　　19. 马四退六　卒5进1

20. 前马进五　马3进5　　21. 马五进七　炮5平7

22. 炮四退二　前马退3　　23. 炮八进七!　士6进5

24. 马六进七　马3进5　　25. 炮八退三!　前马进3

26. 炮八平五　将5平6　　27. 马七退五　马3退5

28. 兵三进一　炮6进4　　29. 相三进一　象9进7

30. 炮五进一!　卒5平6

31. 炮四退五　炮7平6

32. 炮五退四　炮6进6

33. 兵一进一!　炮6平9

34. 相一退三　炮9退2

35. 兵九进一　炮9平8

36. 炮五平九　炮8退1

37. 相五进七　炮8退1

38. 马五进三　卒1进1

39. 炮九进二　炮8退2

40. 炮九进一　炮8平9

41. 马三进一!　象7退9

42. 相七退五　(图78)

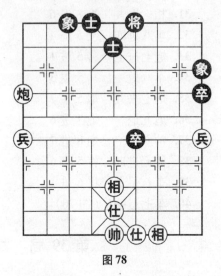

图78

第40局　洪智胜赵国荣

1. 炮二平五　炮8平5　　2. 马二进三　马8进7

3. 车一平二　车9进1　　4. 马八进七　车9平4

5. 兵三进一　马2进3　　6. 兵七进一　炮2平1

7. 车九平八　车4进5　　8. 马三进四　车4平3

9. 马四进六　车3进1　　10. 马六进七　炮1进4

11. 炮八进七　炮5进4 (图79)　12. 仕四进五　炮1平3

13. 相七进九　车3平1　　14. 车二进七　马7退5

15. 炮八平六!　后车进2　　16. 炮六退一　前车平4

17. 帅五平四!　车4退6　　18. 车二平四　马5进7

19. 车四平三　车4平6　　20. 帅四平五　车6平3

21. 车三退一　卒5进1　　22. 车三平六　车1平2!

23. 车八平七　炮3平9	24. 车六平一　炮9平8
25. 车一平二　炮8平9	26. 车二退三　炮9进3
27. 相三进一　车2进4	28. 马七退五　炮5平7
29. 马五退三！车2平5	30. 车二平三　车5进1
31. 车七进三　象7进5	32. 车七平四！车3平8
33. 马三进四　车8平6	34. 马四退五　车6平5
35. 马五进六　将5平4	36. 车三平四　士6进5
37. 马六退八！将4进1	38. 车四进三　车5平8
39. 帅五平四　车8进2	40. 帅四进一　车8退1
41. 帅四退一　车8进1	42. 帅四进一　车8退5
43. 车四平七！（图80）	

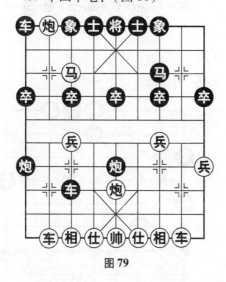

图 79

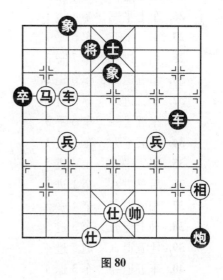

图 80

第41局　张国凤胜王琳娜

1. 炮二平五　炮8平5	2. 马二进三　马8进7
3. 车一平二　车9进1	4. 马八进七　马2进3
5. 兵三进一　车1进1	6. 兵七进一　车1平4
7. 炮八进二　车4进5（图81）	8. 炮五平四　卒5进1
9. 相七进五　卒3进1	10. 兵七进一　卒5进1
11. 炮四进一　车4进2	12. 炮八平七　车4平6
13. 兵七进一　车9平4！	14. 车九平八　车4进6

15. 兵七进一　车4平5

16. 马三退五！车5平4

17. 马五退七！车4退4

18. 兵七平八　车6退2

19. 仕六进五　马7进5

20. 兵八平七　象3进1

21. 兵七平六！车4退1

22. 车八进六　卒5平4

23. 车八平五　卒4平3

24. 车五平七　卒3平4

25. 车二进二　车6退1

26. 车七平三　卒4进1

27. 车三平五　车6平7

28. 相三进一　车7平3

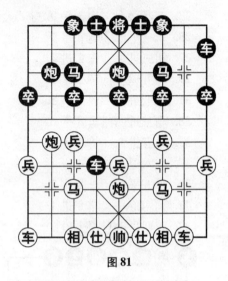

图81

30. 车五退二！车6退2

32. 车二进二　车3进2

33. 车五进一　车6平3

34. 车五平七　车3进1

35. 车二平五　士4进5

36. 后马进八　卒1进1

37. 相一退三　卒4平5

38. 马七退五　车3平5

39. 仕五退六　炮5进4

40. 车五退一　车3退4

41. 车五平八　车3退3

42. 马八进六　车3进1

43. 车八进三！车3进2

44. 马六进四！（图82）

29. 后马进八！车3平6

31. 马八进七　车4平3

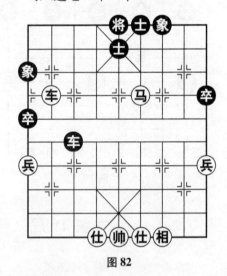

图82

第42局　刘殿中胜孙志伟

1. 炮二平五　炮8平5　　2. 马二进三　马8进7

3. 车一平二　车9进1　　4. 马八进七　车9平4

5. 兵三进一　马2进3　　6. 兵七进一　车1进1

7. 马三进四　车4平6（图83）

8. 马四进三　车6进3

9. 炮五平三　炮5平4

10. 相七进五　卒3进1

11. 马七进六　车6平4

12. 兵七进一！车4平3

13. 马三退四　象7进5

14. 马六退八！车3平6

15. 炮八进五　炮4平2

16. 炮三进五　车6退2

17. 车九平七　马3退5

18. 马四进五　马5进7

19. 马五进三　车6平7

20. 车二进六　车7平8

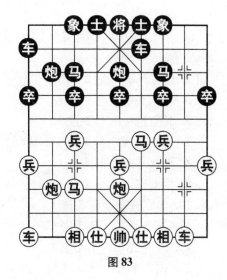

图83

21. 车二平五！士6进5

22. 车七进七　炮2进3

23. 车七平八　炮2平6

24. 马八进六　炮6退3

25. 车八退一　车8进4

26. 马六进四　车8平9

27. 马四进二　炮6退1

28. 兵五进一　车9平1

29. 车五平四　后车平2

30. 车八平六　士5退6

31. 兵五进一　车1平8

32. 兵五进一　车8退2

33. 仕四进五　卒9进1

34. 车六退三！卒9进1

35. 车六平三　车2进3

36. 兵三进一！车8退1

37. 车四平二　象5进7

38. 兵五平四　车2平5

39. 车二进二　炮6平5

40. 车三平四　炮5进1

41. 车二平七　象3进1

42. 车七退一　象1进3

43. 车四平七　车5平6

44. 后车进二！（图84）

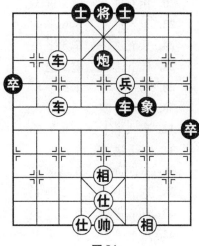

图84

第43局 蒋志梁负朱永康

1. 炮二平五 炮8平5	2. 马二进三 马8进7
3. 车一平二 车9进1	4. 马八进七 车9平4
5. 兵三进一 马2进3	6. 兵七进一 车1进1
7. 仕四进五 车4进5 （图85）	
8. 炮五平四 卒5进1	
9. 相七进五 车1平6	
10. 车二进三 卒3进1	
11. 炮八进二 卒5进1	
12. 炮四进一 车4退2	
13. 炮八平五 马3进5	
14. 车九平八 炮2平3	
15. 车八进五 车6进3!	
16. 车八进二 士6进5	
17. 炮五进三 象3进5	
18. 兵五进一? 卒3进1	
19. 马七进五 车4平3!	

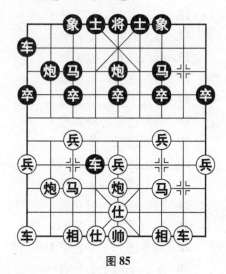

图85

20. 相五进七? 炮3进3	21. 相三进五 炮3进3
22. 车八退三 车6平4	23. 马五进七 车4进1
24. 兵五进一 车3平5	25. 炮四平五 车5平3
26. 仕五进六 炮3退1	27. 炮五平七 车3平5
28. 车二平五 车5平8	29. 炮七平八 马5进6!
30. 车五平四 马7进5	31. 车八进二 炮3平5
32. 车八平七 车8平2	33. 炮八平五 马6进4
34. 马七进八 车4退4	35. 帅五平四 马4退5!
36. 车四进二 前马退3	37. 车四平八 车4平2!
38. 炮五平七 车2进1	39. 马三进五 马3进4
40. 马五进七 象5进3!	41. 车八退四 炮5退2!
42. 炮七平六 炮5平3	43. 马八进六 车2平4
44. 炮六进四 士5进4	45. 车八平四 马4进5
46. 仕六进五 后马进6! （图86）	

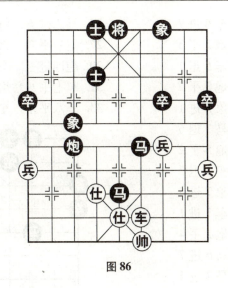

图 86

第 44 局　孟立国胜言穆江

1. 炮二平五　炮 8 平 5
2. 马二进三　马 8 进 7
3. 车一平二　车 9 进 1
4. 马八进七　车 9 平 4
5. 兵七进一　马 2 进 3
6. 兵三进一　车 1 进 1
7. 车二进五　车 4 进 5（图 87）
8. 相七进九　车 1 平 6
9. 仕六进五　车 4 平 3
10. 车九平七　炮 2 进 3
11. 车二平六　卒 5 进 1
12. 相三进一　马 3 进 5
13. 车六平八　炮 2 进 1
14. 马七退六　车 3 平 4
15. 马六进七　车 4 平 3
16. 炮五进三！炮 5 进 2
17. 车八平五　炮 2 退 4
18. 车五平六　炮 2 平 5
19. 马七退六　车 3 平 1
20. 车七进二　马 5 进 6
21. 兵五进一！马 6 进 7
22. 炮八平三　车 1 平 5
23. 兵五进一　士 6 进 5

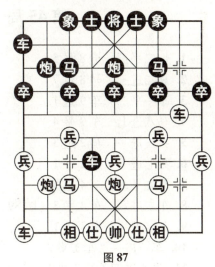

图 87

24. 相九退七　车6进7
25. 马六进五　将5平6
26. 兵七进一　炮5平3
27. 炮三平四　将6平5
28. 车七进一！车5退1
29. 炮四进三　卒3进1
30. 车七进二　炮3平2
31. 车七平八！炮2平5
32. 车八进一　象3进1
33. 车八平三　车5平3
34. 车六退五！马7退6
35. 炮四进一　炮5平2
36. 相七进九　车3退2
37. 炮四平五　象7进5
38. 马五进六　车3进1
39. 车六平八　炮2平4
40. 车八进五　马6进7
41. 车八平七！马7进5
42. 车七退二　马5进3
43. 马六进四　象5退3
44. 马四进二　炮4退1
45. 车七平五　将5平6
46. 兵五平四！（图88）

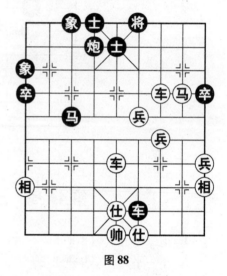

图88

第45局　汪洋胜洪智

1. 炮二平五　炮8平5
2. 马二进三　马8进7
3. 车一平二　车9进1
4. 马八进七　车9平4
5. 兵三进一　马2进3
6. 兵七进一　炮2平1
7. 车九平八　车4进5
8. 车二进六　车4平3（图89）
9. 车二平三　车3进1
10. 车三进一　车1平2
11. 炮八进四　卒3进1
12. 兵七进一　车3退3
13. 车三退二！车3进2

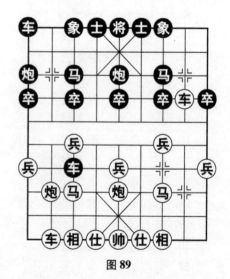

图89

14. 仕四进五　象7进9　　15. 车三平四　炮1进4

16. 兵三进一　士4进5　　17. 炮八进二　炮5平7

18. 马三进四　炮7进7　　19. 炮八退一！象9退7

20. 帅五平四　炮1平2　　21. 马四进六　马3进4

22. 炮五进四！士5进4　　23. 车八进二　车3退3

24. 车八平四！将5平4　　25. 前车平六　士6进5

26. 炮五平六　车3平4　　27. 车六进一　车2进2

28. 车四平三　炮7平9　　29. 兵三平四　象3进5

30. 车三平八　车2进2　　31. 兵四进五！卒1进1

32. 后兵进一　象5退3　　33. 车六退三　炮2退1

34. 车六进二　车2退1

35. 车六平九　炮9平8

36. 车八平二　炮8平9

37. 车九进四　车2平6

38. 车二平四　车6平3

39. 车四平八　炮2平3

40. 车八平一　炮9平8

41. 车一平二　炮8平9

42. 前兵进一　车3进1

43. 前兵平六　炮3进1

44. 车二进一　将4平5

45. 兵五进一　炮3退1

46. 车二进一　炮3进1

47. 兵六进一！（图90）

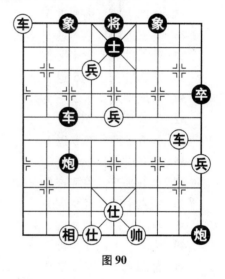

图90

第46局　王斌胜陈孝坤

1. 炮二平五　炮8平5　　2. 马二进三　马8进7

3. 车一平二　车9进1　　4. 马八进七　车9平4

5. 兵三进一　马2进3　　6. 兵七进一　炮2平1

7. 车九平八　车4进5　　8. 炮八进六！车4平3（图91）

9. 车八进二　车1平2　　10. 车二进八　卒5进1

11. 车二平三　马3进5　　12. 马三进四　卒5进1

13. 马四进五　马7进5　　14. 炮八平五！车2进7

15. 前炮退二　士4进5
16. 后炮平八　车3平2
17. 炮八平九　车2进1
18. 马七退五　卒5进1
19. 车三退二　车2平4
20. 炮九退二！炮1进4
21. 炮五平九！炮1平9
22. 车三平五　卒5平6
23. 相三进五　卒6进1
24. 马五退三　卒6平5
25. 仕四进五　炮9进3
26. 马三进四！卒5进1
27. 仕六进五　车4平3
28. 前炮进三　士5退4

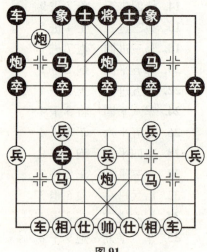

图91

29. 相七进九！炮9退3
31. 炮九平八　车1平2
33. 马四进六　车2平8
35. 马六进五　车8退2

30. 后炮平六　车3平1
32. 炮八平九　士6进5
34. 帅五平四　车8退1
36. 炮九退四！车8进2
37. 车五平三　象7进9
38. 炮六平五　卒9进1
39. 车三平四　炮9进3
40. 炮五平一　车8进3
41. 帅四进一　车8平9
42. 马五进七　炮5平6
43. 仕五进四　车9平5
44. 炮九平五　将5平6
45. 马七进六！车5退5
46. 车四进一！将6平5
47. 车四平一　车5平6
48. 兵三进一！（图92）

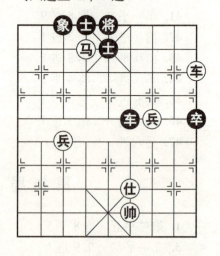

图92

第47局　谢大明负邱文信

1. 炮二平五　炮8平5

2. 马二进三　马8进7

3. 车一平二　车9进1

4. 兵三进一　车9平4

5. 马八进七　马2进3

6. 兵七进一　车1进1

7. 仕六进五　车4进7（图93）

8. 炮五平四　卒5进1

9. 炮八进二　马3进5

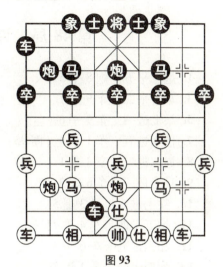

图93

10. 马三进四　卒3进1

11. 炮四退一　车4退6

12. 马四进五　马7进5

13. 炮四进六　车4进4!

14. 炮四退四　车4进2

15. 炮四退二　车4退6

16. 相七进五　卒3进1

17. 相五进七　车1平3

18. 炮四进六　炮5退1

19. 炮四平八　车3进4!

20. 车二进二　车4平2

21. 车九平六　炮5平3

22. 车六进六　马5退6

23. 车二进三　车3进2

24. 车二平五　象3进5

25. 炮八平五　车3进2

26. 仕五退六　炮3平5

27. 车五平六　炮5进4

28. 兵五进一　车3退4

29. 兵五进一　车3平7

30. 兵五平四　车2进4

31. 兵四进一　车7平5

32. 仕六进五　士6进5

33. 前车平九　马6进8

34. 兵四平三　马8进7

35. 车九平四　马7进6

36. 车六退五　马6进7

37. 车四退五　车2平7

38. 车六进六　马7退8

39. 兵三平二　卒9进1

40. 车六退四　车7平1

41. 车四平二　马8退7

42. 车二平一　车5退2

43. 兵二进一　车5平8

44. 兵二平三　车8平7

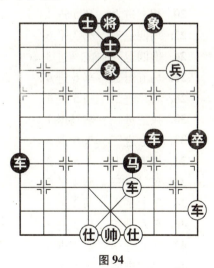

图94

45. 兵三平二　马7进6　**46.** 车六平四　车7进6

47. 兵一进一　车7退4　**48.** 仕五退六　卒9进1（图94）

第48局　许银川负孙勇征

1. 炮二平五　炮8平5　**2.** 马二进三　马8进7

3. 车一平二　车9进1　**4.** 马八进七　马2进3

5. 兵七进一　车9平6　**6.** 兵三进一　车1进1

7. 仕六进五　车1平4（图95）

8. 炮八进二　卒3进1

9. 兵七进一　车6进3

10. 兵七进一　马3退5

11. 炮五平四　车4进7！

12. 相三进五　车6平3

13. 炮四退一　车4退2

14. 马三进四　车4平3

15. 炮四进一　炮5进4

16. 炮八退三　卒5进1

17. 炮八平七　前车进1！

18. 炮七进四　车3退3

19. 兵七平八　炮2平4

20. 相七进九　卒5进1

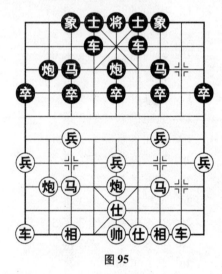

图95

21. 车九平六　炮4进3　**22.** 马四退三　车3平6　**23.** 车二进三　马7进5

24. 炮四退一！前马进3　**25.** 马三进五　炮4进1！

26. 马五退三　车6进4　**27.** 相九进七　卒5平4

28. 马三进二　马5进4　**29.** 兵八平七　马4进3

30. 兵三进一　前马退1　**31.** 车六平七　马1进2

32. 车七进三　车6退3　**33.** 马二进三　车6平5

34. 相五退七　车5退2　**35.** 兵七进一　士4进5

36. 车二平三　卒4平5　**37.** 车三平六　马3进4

38. 车七平六　马2进3　**39.** 车六退二　马3退2

40. 车六进二　马2进3　**41.** 车六退二　马3退2

42. 兵七进一　象3进5　**43.** 兵七平六　卒5平4

44. 马三进四　车5平3　**45.** 车六平八　车3进6

46. 仕五退六　马2进4！　　　47. 车八平六　卒4进1
48. 马四退二　士5进6　　　　49. 兵三平四　士6进5（图96）

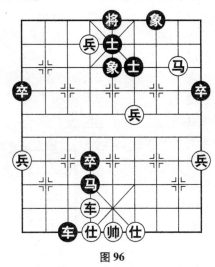

图96

第49局　金波胜王斌

1. 炮二平五　炮8平5　　　　2. 马二进三　马8进7
3. 车一平二　车9进1　　　　4. 马八进七　车9平4
5. 兵三进一　马2进3　　　　6. 兵七进一　车1进1
7. 仕六进五　车1平3（图97）
8. 车二进五　卒3进1
9. 车二平七　卒5进1
10. 相七进九　炮2进4
11. 车七进一　马3进5
12. 车七进二　车4平3
13. 马七进六　卒7进1
14. 马六进五　马7进5
15. 马三进四　车3进2
16. 车九平六！卒7进1
17. 马四进三！卒5进1
18. 炮五进二　士4进5
19. 车六进三　炮2退4

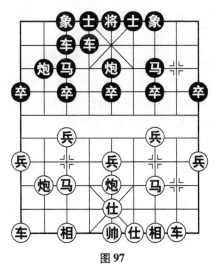

图97

20. 炮五进三　象3进5　　　21. 马三退五　车3平2?

22. 炮八进五　车2退1　　　23. 马五退三!　马5进7

24. 车六进三　卒1进1　　　25. 车六退一　车2平1

26. 相三进五　卒1进1　　　27. 兵九进一　车1进3

28. 相九退七　车1退3　　　29. 车六平四　车1平3

30. 兵五进一　车3进1　　　31. 兵五进一　将5平4

32. 车四退二　象5退3　　　33. 兵五平四　马7退8

34. 车四平二　马8退6　　　35. 兵四进一　车3退1

36. 车二进三!　车3平9

37. 兵七进一　卒9进1

38. 车二退一　马6进8

39. 兵七进一　象7进5

40. 兵七进一　将4平5

41. 兵七进一　象3进1

42. 兵七平六　象1进3

43. 帅五平六　士5进4

44. 车二退二　士6进5

45. 车二平八　士5退4

46. 兵四进一　士4退5

47. 车八进六!　卒9进1

48. 马三进四　象5退7

49. 兵四平三!　(图98)

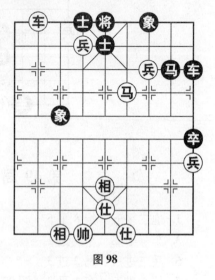

图98

第50局　吕钦负林宏敏

1. 炮二平五　炮8平5　　　2. 马二进三　马8进7

3. 车一平二　车9进1　　　4. 马八进七　车9平4

5. 兵三进一　马2进3　　　6. 兵七进一　车1进1

7. 相七进九　卒1进1 (图99)　　8. 车二进五　卒1进1

9. 兵九进一　车1进4　　　10. 仕六进五　炮2平1

11. 炮八退一　车4平1　　　12. 车九平六?　炮1进5

13. 炮八平九　炮1平5　　　14. 相三进五　前车退1

15. 车二进一　后车平2　　　16. 炮九平七　马7退9

17. 车二进一　马3进1　　　18. 马七进六　车1进4

19. 炮七退一　马1进2
20. 马六进七　马2退3
21. 炮七进六　车1退1
22. 马三进四　炮5进4!
23. 车二退四　炮5退2
24. 兵七进一　马9进7
25. 兵七平六　炮5进1
26. 炮七退二　车2进4
27. 车二平七　士6进5
28. 兵六进一　卒5进1
29. 炮七进三　炮5进3!
30. 马四进六　车2进3
31. 相五进七　车1进1
32. 车七退二　车2平3

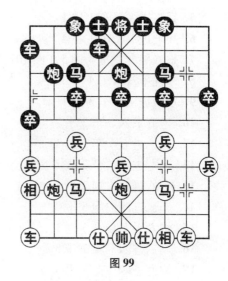

图99

33. 炮七退六　车1平3
35. 马六进八　车3平7!

34. 仕四进五　车3退3
36. 车六进二　卒5进1
37. 车六平二　将5平6!
38. 帅五平六　车7平6
39. 帅六平五　车6退2
40. 马八退六　车6平4
41. 车二平四　将6平5
42. 马六进四　士5进6
43. 马四退五　车4平5
44. 马五进七　车5进5
45. 帅五平四　士6退5
46. 马七进八　卒7进1
47. 马八退六　车5平3
48. 车四平二　车3进1
49. 帅四进一　车3退5!（图100）

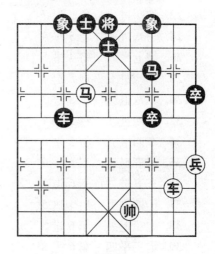

图100

第51局　徐天红胜孙勇征

1. 炮二平五　炮8平5
2. 马二进三　马8进7
3. 车一平二　车9进1
4. 马八进七　马2进3

5. 兵三进一　车1进1

6. 兵七进一　车1平4

7. 炮八平九　车4进5（图101）

8. 车九平八　车4平3

9. 车八进二　车3退1

10. 炮五平六　车3平7

11. 相三进五　车7退1

12. 马七进六　卒3进1

13. 车八进二　炮2平1

14. 车二进四　炮5平4

15. 炮六平七！马3退1

16. 马三进四　象7进5

17. 炮九进四　车7平5

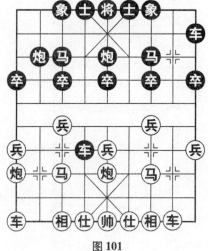

图 101

18. 马六进七　车5平6

19. 马七进八！卒3进1

20. 炮九进二！卒3平2

21. 炮九平一　炮4平2

22. 炮一进一！象5退7

23. 炮七退一　车6退3

24. 马八进六！将5平4

25. 马四进六　车6平3

26. 炮七平六　将4平5

27. 车二平八　炮2平5

28. 车八进五　炮5退1

29. 炮六平三　马7退9

30. 车八退二　车3进3

31. 车八平四！炮5平1

32. 车四进二　将5进1

33. 马六进四　将5进1

34. 车四平五　将5平6

35. 车五退三　车3平6

36. 车五进二！车6退1

37. 仕四进五　后炮进5

38. 炮三退一　车6进5

39. 炮三平四　车6平8

40. 车五平一　前炮平9

41. 车一退二　炮9退6

42. 车一进三　车8退2

43. 车一平三　将6退1

44. 车三平五　炮1平5

45. 兵五进一　车8平5

46. 仕五进四！炮5平6

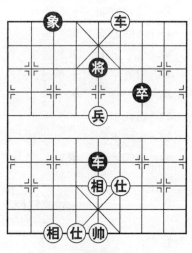

图 102

47. 炮四进七　将6进1　　　　**48.** 车五平四　将6平5

49. 兵五进一!（图102）

第52局　曾东平胜孟立国

1. 炮二平五　炮8平5　　　　**2.** 马二进三　车9进1

3. 车一平二　马8进7　　　　**4.** 马八进七　马2进3

5. 兵三进一　车1进1　　　　**6.** 兵七进一　车1平4

7. 相七进九　车9平6（图103）

8. 仕六进五　卒3进1

9. 兵七进一　车6进3

10. 兵七进一　车6平3

11. 兵七进一　车3进3

12. 兵七平八　车3平2

13. 车二进六!　车2退5

14. 车二平三　炮5退1

15. 车九平六　车4进8

16. 仕五退六　炮5平7

17. 车三平四　炮7进4

18. 马三进四　马7进8

19. 车四平五　士4进5

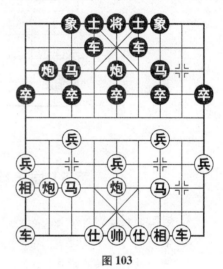

图103

20. 车五平七!　象3进1　　　　**21.** 马四进六　马8进7

22. 仕四进五　炮7进4　　　　**23.** 炮五平三!　马7进9

24. 炮三进四　车2平6　　　　**25.** 炮三平四!　炮7平9

26. 马六进八　士5进4　　　　**27.** 车七平五　将5平4

28. 马八进七　车6平8　　　　**29.** 炮四平二　象1退3

30. 仕五进四　车8平7　　　　**31.** 炮二平三　将4进1

32. 帅五进一　马9进7　　　　**33.** 帅五平四　马7退6

34. 帅四平五　马6进8　　　　**35.** 帅五平六　马8退7

36. 炮三平九!　马7进6　　　　**37.** 帅六平五　士4退5

38. 车五平六　士5进4　　　　**39.** 车六平五　士4退5

40. 车五平六　士5进4　　　　**41.** 车六平四　马6进7

42. 帅五平六　象3进1　　　　**43.** 炮九平八　车7进6

44. 仕六进五　车7平5　　　　**45.** 帅六进一　车5平2?

46. 车四进二！ 将 4 退 1　　**47.** 车四进一　 将 4 进 1

48. 车四退一　 将 4 退 1　　**49.** 马七退五！（图 104）

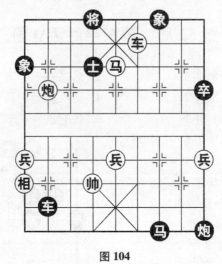

图 104

第 53 局　徐天红胜卜凤波

1. 炮二平五　炮 8 平 5　　**2.** 马二进三　马 8 进 7

3. 车一平二　车 9 进 1　　**4.** 马八进七　车 9 平 4

5. 兵三进一　马 2 进 3　　**6.** 兵七进一　车 1 进 1

7. 相七进九　车 4 进 5（图 105）

8. 马三进四　车 4 平 3

9. 车九平七　卒 3 进 1

10. 车二进五　车 1 平 6

11. 炮八进二　卒 7 进 1

12. 车二平三　马 7 进 6

13. 炮五平四　卒 3 进 1

14. 炮八进二　马 3 进 2

15. 车三平四　车 6 进 3

16. 炮四进三　马 2 进 4

17. 炮四平七　车 3 平 2

18. 马七进六　卒 3 平 4

19. 炮八平七！象 3 进 1

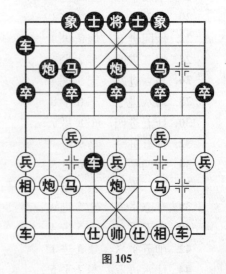

图 105

20. 后炮平二！　炮 5 进 4　　　　21. 马四进六　　炮 2 平 6

22. 炮七平一　　士 4 进 5　　　　23. 车七进六　　炮 6 进 5

24. 帅五进一　　车 2 进 2　　　　25. 帅五进一　　车 2 退 1

26. 帅五退一　　车 2 进 1　　　　27. 帅五进一　　车 2 退 1

28. 帅五退一　　车 2 进 1　　　　29. 帅五进一　　炮 6 平 7

30. 炮二平三！　炮 7 退 3　　　　31. 兵三进一　　卒 5 进 1

32. 马六进八　　炮 5 平 4　　　　33. 马八进七　　将 5 平 4

34. 马七退九　　车 2 退 6　　　　35. 车七进三！　将 4 进 1

36. 马九进八　　炮 4 平 2　　　　37. 车七退一　　将 4 退 1

38. 马八退七　　卒 5 进 1

39. 帅五退一　　士 5 进 4

40. 车七进一　　将 4 进 1

41. 车七平六　　将 4 平 5

42. 车六退二　　炮 2 进 3

43. 车六平四　　将 5 平 4

44. 帅五平四　　士 6 进 5

45. 车四平二　　车 2 进 6

46. 仕四进五　　车 2 退 5

47. 炮一进二　　士 5 退 6

48. 车二平四　　车 2 平 8

49. 车四进二！　将 4 进 1

50. 马七退六　　将 4 退 1

51. 车四退一！（图 106）

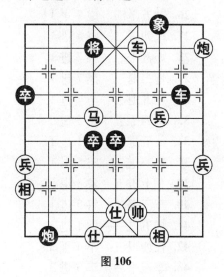

图 106

第 54 局　蒋志梁负胡荣华

1. 炮二平五　　炮 8 平 5　　　　2. 马二进三　　马 8 进 7

3. 车一平二　　车 9 进 1　　　　4. 马八进七　　车 9 平 4

5. 兵三进一　　马 2 进 3　　　　6. 兵七进一　　车 1 进 1

7. 相七进九　　车 1 平 3（图 107）　8. 车二进五　　卒 5 进 1

9. 马三进四　　卒 3 进 1　　　　10. 车二平五　　卒 3 进 1

11. 车五平七　　卒 3 进 1　　　　12. 车七退二　　马 3 进 5！

13. 车七进五　　车 4 平 3　　　　14. 马四进五　　车 3 进 6

15. 马五进三　　车 3 平 2！　　　16. 炮五进五　　炮 2 平 7

17. 炮五退一　车2退4

18. 炮五退一　车2进3

19. 兵五进一　车2退1

20. 车九进一　车2平5

21. 车九平五　车5平7！

22. 车五进二　车7进4

23. 车五平四　车7退3

24. 车四进四　车7平5

25. 仕四进五　炮7退1

26. 帅五平四　炮7平1！

27. 车四进二　将5进1

28. 炮五平二　卒7进1

29. 炮二退三　卒7进1

30. 相九退七　卒7进1

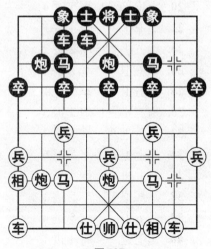

图 107

31. 车四平三　车5平6

32. 帅四平五　象3进5

33. 车三退三　炮1进5

34. 仕五进四　卒1进1

35. 炮二退一　车6平4

36. 车三进二　将5退1

37. 炮二平五　象5进3

38. 相七进五　象3退5

39. 相五退七　象5进3

40. 车三退二　将5进1

41. 炮五进一　炮1进3

42. 仕四退五　车4平3

43. 车三平一　车3进3

44. 仕五进六　象3退1

45. 车一平五　将5平6

46. 车五平四　将6平5

47. 车四平五　将5平6

48. 车五平八　卒7进1

49. 仕六退五　车3退2

50. 车八退六　炮1退4

51. 炮五进二　车3平5

52. 炮五平七　卒7进1！

53. 车八进八　将6进1（图108）

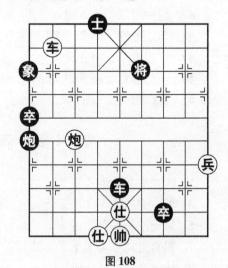

图 108

58

第55局 杨德琪负蒋川

1. 炮二平五　炮8平5
2. 马二进三　车9进1
3. 车一平二　马8进7
4. 马八进七　车9平4
5. 兵七进一　马2进3
6. 兵三进一　车1进1
7. 相七进九　卒1进1（图109）

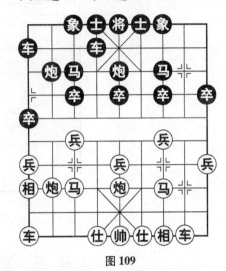

图109

8. 车二进五　卒1进1
9. 兵九进一　车1进4
10. 仕六进五　车4进5
11. 车二平八　炮2进5
12. 车八退三　卒3进1
13. 兵七进一　车4平3
14. 兵五进一　马3进1
15. 兵七平八　马1进2
16. 马三进五　炮5平2!
17. 车九平六　马2进4
18. 兵八平七　炮2平4
19. 车六平七　士6进5!
20. 兵七进一　车3退3
21. 车八进一　车3平4
22. 车八平七　象7进5
23. 马七进九　象3进1
24. 马九进七　马4退3
25. 兵五进一　卒5进1
26. 马七进五　炮4平3
27. 后马进七　象1退3
28. 前车平四　车1进2!
29. 车七平六　车1退4!
30. 马五进四　将5平6
31. 马四退五　将6平5
32. 车六进六　车1平4
33. 车四进二　马7进5
34. 车四进一　炮3进3!
35. 马五退七　车4进2
36. 马七退六　车4平7
37. 炮五平一　车7进4
38. 炮一进四　车7退3
39. 车四退三　车7退2
40. 兵一进一　马5进4
41. 车四平二　士5退6
42. 炮一进三　象5退7
43. 车二平五　士4进5
44. 仕五进四　马4退5
45. 车五平一　车7平6
46. 仕四进五　卒7进1
47. 兵一进一　卒7进1
48. 兵一进一　象3进5
49. 兵一平二　车6平8

50. 兵二平一　马5进6　　　51. 仕五退四　车8平5

52. 仕四退五　车5退1　　　53. 兵一进一　马6进5！

54. 仕五进四　马3进4　　　55. 仕四进五　马5退6！

56. 车一退一　卒7进1（图110）

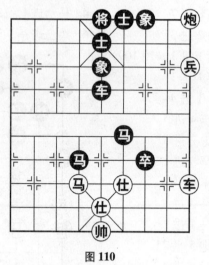

图 110

第56局　蔡福如负胡荣华

1. 炮二平五　炮8平5　　　2. 马二进三　马8进7

3. 车一平二　车9进1

4. 马八进七　车9平4

5. 兵三进一　马2进3

6. 兵七进一　车1进1

7. 炮八平九　车4进5（图111）

8. 车九平八　车4平3

9. 车八进二　车1平4

10. 炮五平四　卒3进1

11. 炮四进一？　马3进2！

12. 车八进三　车3进1

13. 相三进五　炮2平4

14. 仕四进五　炮4进6！

15. 炮九进四　车3平5

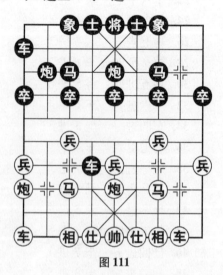

图 111

16. 炮九平三 象7进9	17. 车八进二 车4平6
18. 炮四平二 车5平3	19. 炮二进四 马7退8
20. 炮二退一 马8进7	21. 炮二进一 马7退8
22. 炮二退一 马8进7	23. 炮二进一 马7退8
24. 炮二退一 马8进7	25. 炮二进一 马7退8
26. 兵七进一 炮4平1！	27. 车八退七 车6平7
28. 马三进四 马8进6！	29. 炮二进二 车7退1
30. 炮三进二 炮5进4	31. 仕五进六 车3平4
32. 马四进六 炮5退2	33. 马六进七 车4退5
34. 车八进八 士4进5	35. 兵七进一 炮1平3
36. 车八退七 炮3退3	37. 车二进六 车4平6
38. 炮三平五 炮3退3！	39. 炮五退三 卒5进1
40. 兵七进一 车7平8！	41. 车二进三 马6退8
42. 兵七进一 车6退1	43. 车八平七 马8进7
44. 兵九进一 卒5进1	
45. 兵九进一 车6平5	
46. 兵九平八 卒5平4	
47. 仕六进五 马7进6	
48. 兵八进一 马6退5	
49. 兵七平六 车5平4	
50. 车七进八 车4退1	
51. 车七退二 象9退7	
52. 兵三进一 士6进5	
53. 车七退二 车4退4	
54. 车七平六 马5进4	
55. 兵八平七 象7进9	
56. 兵三平二 马4进6！（图112)	

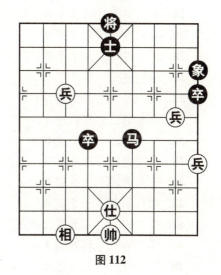

图 112

第57局 孙浩宇胜赵金成

1. 炮二平五 炮8平5	2. 马二进三 马8进7
3. 车一平二 车9进1	4. 马八进七 车9平4
5. 兵三进一 马2进3	6. 兵七进一 车1进1
7. 车九进二！卒1进1（图113)	8. 马七进八 炮2进5

9. 车九平八　车4平2

10. 车二进六　卒1进1

11. 车二平三　车2进4?

12. 车八进二　卒1平2

13. 车三进一　车1平6

14. 仕六进五　车6进5

15. 马三进二!　车6平5

16. 车三进二　车5平8

17. 马二进三　炮5进5

18. 相三进五　车8平1

19. 车三退二　车1退4

20. 马三进一!　卒2平3

21. 马一进三　将5进1

22. 车三平六!　马3进1

24. 车六平七!　将5平6

26. 兵三进一　车7平9

28. 马三进一　车7平9

30. 马三进一　车7平9

32. 马三进一　马3退5

34. 车七退二　将6进1

36. 车八平四　马7进6

38. 马二退四　车8平7

40. 仕五进四　士5进4

42. 帅六平五　士5进4

44. 马二进一　车8平7

46. 马二进三　将6退1

48. 车三进二　车8退1

50. 马三退四　车8平6

52. 车三进四　将6进1

54. 车三平五!　车6退2

56. 马六退五!（图114）

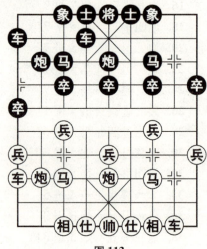

图 113

23. 车六进二　车1平7

25. 马三进一　马1退3

27. 马一退三　车9平7

29. 马一退三　车9平7

31. 马一退三　车9平7

33. 车七退三　车7进2

35. 车七平八　马5进7

37. 马一退二　车7平8

39. 帅五平六　士6进5

41. 兵一进一　士4退5

43. 马四进二　车7平8

45. 马一退二　车7平8

47. 车四平三　将6退1

49. 车三退一　马6进5

51. 马四进六　士4退5

53. 车三退一　将6退1

55. 车五平四　将6进1

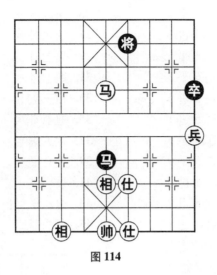

图 114

第 58 局　何顺安胜刘忆慈

1. 炮二平五　马 2 进 3

2. 兵三进一　车 9 进 1

3. 马二进三　炮 8 平 5

4. 兵七进一　车 9 平 4

5. 马八进七　车 4 进 3

6. 车一平二　马 8 进 7

7. 马三进四　车 4 平 6

8. 炮八进二　卒 7 进 1（图 115）

9. 炮五平四　车 6 平 5

10. 炮四平三　车 5 平 6

11. 相七进五　炮 5 平 6

12. 兵三进一　车 6 平 7

13. 炮八退三！象 3 进 5

14. 马七进六　马 7 进 6?

15. 炮八平三　车 7 进 3

16. 马四退三　马 6 进 4

17. 车九平八　炮 2 平 1

18. 炮三平七！马 4 进 6

19. 马三进二　马 6 退 7

20. 马二进一！马 7 退 9

21. 车二进六　车 1 进 1

22. 车二平一　炮 1 进 4

23. 车一平四　士 4 进 5

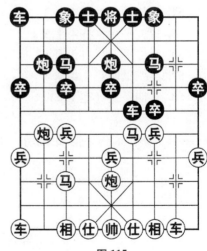

图 115

24. 兵五进一　车1平4　　　25. 车四退三　炮1退1
26. 车四平五　车4进3　　　27. 仕六进五　卒3进1?
28. 车五平七　炮1平5　　　29. 兵七进一　象5进3
30. 车七平五!　炮6平5　　31. 炮七进六　前炮进2
32. 车五退一　炮5进5　　　33. 相三进五　象7进5
34. 车八进四　卒5进1　　　35. 炮七平八　车4进2
36. 兵一进一　车4平5　　　37. 相五进七　车5退1
38. 兵一进一　车5平9　　　39. 兵一平二　车9平8
40. 兵二平一　卒1进1　　　41. 兵一进一　将5平4
42. 炮八退一　象5退7　　　43. 炮八平三!　象3退5
44. 车八进五　将4进1　　　45. 车八退四　车8平3
46. 车八平六　士5进4
47. 车六平五　车3进4
48. 仕五退六　车3退6
49. 兵一平二　卒1进1
50. 车五平四　车3平4
51. 仕六进五　士6进5
52. 车四平九　卒1平2
53. 炮三进二　士5进6
54. 兵二进一　车4平3
55. 车九平六　将4平5
56. 兵二平三!　将5退1
57. 兵三平四　士4退5
58. 兵四平三（图116）

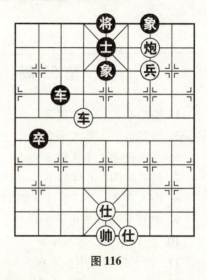

图 116

第 59 局　潘振波胜许银川

1. 炮二平五　炮8平5　　　2. 马二进三　马8进7
3. 车一平二　车9进1　　　4. 马八进七　马2进3
5. 兵七进一　车9平6　　　6. 兵三进一　车1进1
7. 车二进五　车1平4（图117）　8. 兵七进一　卒3进1
9. 车二平七　车4进1　　　10. 马七进六!　炮5退1
11. 炮八平六　车4进3　　　12. 车七进二　车4进2
13. 仕六进五　车4平2　　　14. 车七平三　车6进5

15. 车三平六　车6平7
16. 车九进一!　车2退4
17. 车九平七　炮5进1
18. 炮五平六!　士6进5
19. 车六进一　车7进1?
20. 相三进五　车7退1
21. 炮六进七!　炮2退2
22. 炮六平三　象3进1
23. 炮三退二　炮5进4
24. 车七进六!　车7平6
25. 炮三平五　炮5退4
26. 车七平五　车6退5
27. 车五平九　将5平6
28. 车九平五　车2平3

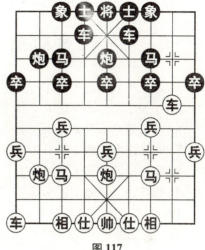

图117

30. 兵一进一　卒1进1
32. 车九进一　车3平4?
34. 车九退四　卒5进1
36. 兵三进一　车4进2
38. 车九平四!　车6进3
40. 兵一进一　士5进6
42. 兵九进一　士6退5
44. 兵四平五　车4平3
45. 兵九平八　卒3进1
46. 兵八进一　车3平4
47. 车五平七!　卒3平2
48. 兵一进一　炮5平8
49. 车七平二　将6平5
50. 兵一进一　炮8平6
51. 兵一进一　炮6退4
52. 车二退三　炮6退6
53. 兵五进一　将5平4
54. 兵八平七　卒2进1
55. 兵一平二　卒2平3
56. 兵二平三　将4进1

29. 车六平八　炮2平4
31. 车八平九　炮4平5
33. 车五平三　车4退3
35. 车三退一　卒5进1
37. 车三平一　卒5进1
39. 兵三平四　卒5平4
41. 车一平五　炮5进2
43. 兵九进一　卒4平3

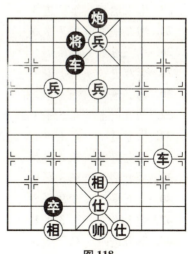

图118

57. 兵三平四　炮6平5　　　**58.** 兵四平五！（图118）

第60局　程进超负徐超

1. 炮二平五　炮8平5　　　**2.** 马二进三　马8进7

3. 车一平二　车9进1　　　**4.** 马八进七　车9平4

5. 兵三进一　马2进3　　　**6.** 兵七进一　车1进1

7. 相七进九　炮2平1（图119）

8. 车二进五　车1平2

9. 炮八进二　象7进9

10. 车九平八　卒7进1

11. 车二退一　车2进3

12. 兵三进一　车2平7

13. 车二平三　炮1平2！

14. 车八平七　车7进1

15. 炮八平三　马7进8

16. 车七平八　车4平7

17. 炮三平五　士6进5

18. 马七退五　卒5进1

19. 前炮平二　炮2平1

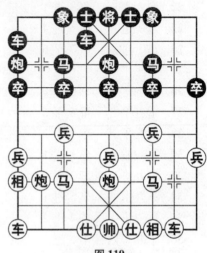

图119

20. 炮五进三　马8退6　　　**21.** 车八进二！炮1进4

22. 炮二退三　车7进3　　　**23.** 马五进六　马6进7

24. 炮二平五　车7平6　　　**25.** 兵五进一！车6进2

26. 相三进五　马7退5　　　**27.** 马六进五　车6进1！

28. 车八进一　炮1退1　　　**29.** 马三进二　车6平5

30. 马二进三　炮1平5！　　**31.** 马三进五　炮5退3

32. 马五进七　车5平1　　　**33.** 车八平五　象9退7

34. 兵七进一　车1平3　　　**35.** 车五进二　车3退1

36. 马七进五　象3进5　　　**37.** 炮五进一　马3退2

38. 兵七平八　车3平7　　　**39.** 兵八进一　卒1进1

40. 炮五平二　车9平8　　　**41.** 炮二平七　车8平3

42. 炮七平二　车3平8　　　**43.** 炮二平七　车8平2

44. 车五进一　马2进3　　　**45.** 车五平三　车2平5

46. 仕四进五　车5退3　　　**47.** 车三退三　车5平2

48. 车三平一　马3进4

49. 炮七平一　马4进6

50. 炮一进四　马6进5

51. 仕五进四　车2平8

52. 炮一进三　象7进9

53. 车一退三　象5进7

54. 仕六进五　车8平2

55. 帅五平四　马5退6

56. 帅四进一　马6退8

57. 车一平三　车2进3

58. 仕五退六　车2平8

59. 帅四退一　马8退7!

60. 帅四平五　车8退5!（图120）

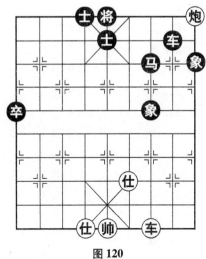

图 120

第61局　曹霖胜孙永生

1. 炮二平五　炮8平5　　　　**2.** 马二进三　马8进7

3. 车一平二　车9进1　　　　**4.** 马八进七　车9平4

5. 兵三进一　马2进3　　　　**6.** 兵七进一　炮2平1

7. 车九平八　车1平2（图121）

8. 炮八进四　车4进3

9. 车二进八　卒7进1

10. 兵三进一　车4平7

11. 马三进二　士4进5

12. 炮五平三　炮5平4

13. 炮三进五!　车7退2

14. 炮八平五　炮4平5

15. 车八进九　马3退2

16. 车二退二　车7进2

17. 相三进五　卒3进1

18. 炮五平一!　卒3进1

19. 车二平七　炮1平3

20. 车七退二　象3进1

21. 仕六进五　炮3进5

22. 车七退二　车7平8

23. 车七进二　马2进4

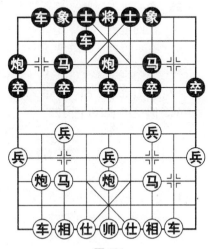

图 121

24. 车七平三　马4进5 | 25. 马二退三　象7进9
26. 炮一平九!　马5进3 | 27. 炮九平八　车8平4
28. 炮八平二　车4平8 | 29. 车三平二　车8平7
30. 炮二进三　象9退7 | 31. 车二平三　车7平8
32. 炮二平一!　马3进2 | 33. 车三平七　车8平4
34. 炮一退三　车4退1 | 35. 炮一退二　将5平4
36. 车七退一　马2退3 | 37. 炮一平七　车4进5
38. 车七退一　将4平5 | 39. 车七平六　车4平1
40. 车六进一　车1平3 | 41. 车六进二　炮5平2
42. 炮七平五　象7进5 | 43. 帅五平六　炮2平4
44. 帅六平五　炮4平2 | 45. 帅五平六　炮2平4
46. 帅六平五　炮4平2 | 47. 炮五平七　车3退2
48. 兵九进一　炮2进5
49. 车六退三　马3进1
50. 炮七平二　炮2平2
51. 仕五退六　炮2退3
52. 马三进四　马1退3
53. 车六进四　马2退3
54. 车六平三　象5退7
55. 车三进三　炮2平5
56. 仕四进五　车3退3
57. 车三退四　车3平8
58. 马四进二　车8平6
59. 马二进一　将5平4
60. 炮二进五!（图122）

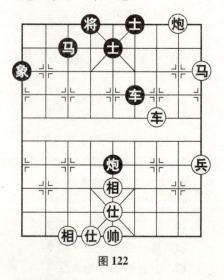

图 122

第 62 局　林野胜汪霞萍

1. 炮二平五　炮8平5 | 2. 马二进三　马8进7
3. 车一平二　车9进1 | 4. 兵三进一　车9平4
5. 马八进七　马2进3 | 6. 兵七进一　车1进1
7. 马三进四　车4平6 | 8. 马四进六　车1平3（图123）
9. 车二进五　卒3进1 | 10. 马六进五　象3进5
11. 兵七进一　卒7进1 | 12. 车二退三　车6进3

13. 兵七进一 马 3 退 5

14. 兵三进一 车 6 平 7

15. 马七进六 车 7 进 1

16. 炮八平七 车 3 平 4

17. 马六进五 车 7 平 3

18. 兵七进一! 车 3 进 2

19. 马五进三! 马 5 进 7

20. 兵七平八 马 7 进 6

21. 车九平八 马 6 进 4

22. 仕四进五 车 4 平 7

23. 相三进一 车 3 退 4

24. 炮五平四 车 7 进 5

25. 车八进四 车 3 平 4

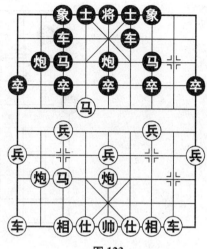

图 123

26. 炮四平六 马 4 进 6

27. 车八平四 马 6 进 7

28. 帅五平四 士 4 进 5

29. 兵五进一 车 4 平 7

30. 兵五进一 前车平 9

31. 炮六平四 马 7 退 6

32. 车二退二 车 7 进 3

33. 相一退三 卒 9 进 1

34. 相七进五 车 9 退 1

35. 车四平一 卒 9 进 1

36. 兵五平六 车 7 退 2

37. 车二进三 马 6 退 8

38. 车二平六 马 8 进 7

39. 帅四平五 马 7 退 6

40. 车六进一 马 6 退 4

41. 车六平一 卒 1 进 1

42. 车一平六 马 4 退 6

43. 兵八进一 车 7 平 3

44. 相五进七! 车 3 平 4

45. 车六平四 马 6 退 4

46. 兵八平七 马 4 进 2

47. 炮四平七 车 4 进 2

48. 车四进二 马 2 进 3?

49. 车四平七 马 3 进 1

50. 炮七平五 马 1 退 2

51. 车七平八 马 2 进 3

52. 炮五进四! 车 4 退 6

53. 车八进二 马 3 退 4

54. 兵七平六 车 4 平 3

55. 炮五退一 马 4 退 3

56. 车八退二 车 3 平 2

57. 车八平七! 车 2 进 2

58. 帅五平四 车 2 退 1

59. 兵六平五 士 6 进 5

60. 车七进一! (图 124)

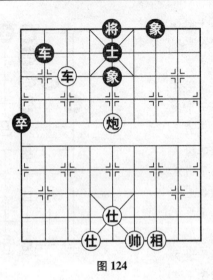

图 124

第二章　过河车或骑河车捉卒

第63局　戴中其负谢侠逊

1. 炮二平五　炮8平5	2. 马二进三　马8进7
3. 车一平二　车9进1	4. 车二进六　车9平4
5. 车二平三　马2进3	6. 炮八进二　车4进4（图125）
7. 炮八平七?　马3退5	8. 车三退二　马7进6!
9. 炮五进四　车4平7	10. 兵三进一　马6进4!
11. 炮五退二　炮2进3!	12. 相三进五　卒3进1
13. 炮七进五　车1平3	14. 炮五平八　车3平2!
15. 炮八平九　卒1进1（图126）	

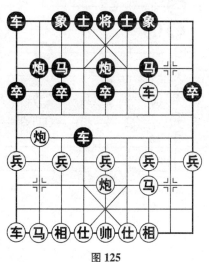

图125

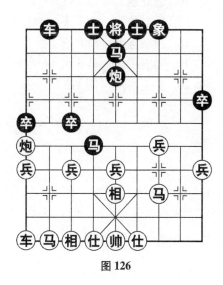

图126

第64局 李来群负邓颂宏

1. 炮二平五　炮8平5
2. 马二进三　马8进7
3. 车一平二　车9进1
4. 马八进七　卒7进1
5. 车二进六　马2进3
6. 兵七进一　车9平4
7. 车二平三　炮5退1
8. 炮八平九　车4进1
9. 车九平八　车1进2（图127）
10. 车八进三?　炮5平2!
11. 车八平七　前炮进1!
12. 车三退一　卒3进1
13. 兵七进一　后炮平7
14. 兵三进一　象7进9
15. 炮五进四　象9进7
16. 炮五退二　马7进6
17. 兵七进一　炮7平3!
18. 相三进五　马6进7
19. 炮五平九　马3退1!
20. 车七平八（图128）

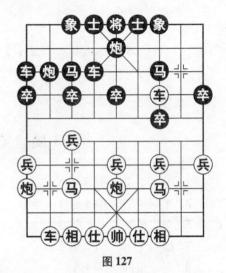

图 127

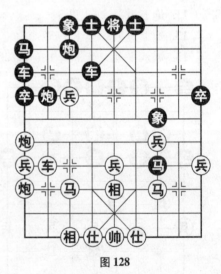

图 128

第 65 局　晏宗晋负杨官璘

1. 炮二平五　炮 8 平 5

2. 马二进三　马 8 进 7

3. 车一平二　车 9 进 1

4. 仕四进五　车 9 平 4

5. 车二进六　马 2 进 3

6. 马八进九　卒 3 进 1

7. 车二平三　炮 5 退 1（图 129）

8. 炮八平七　车 4 进 1

9. 车九平八　车 1 进 2！

10. 车八进六？ 炮 5 平 7

11. 车三平四　炮 7 平 2

12. 车八平七　后炮平 3

13. 车七平八　马 3 进 4！

14. 车四平二　卒 3 进 1

15. 车八退一　象 3 进 5！

16. 车二平三　炮 3 平 2

17. 车八进二　车 1 平 2

18. 车三进一　卒 3 进 1

19. 炮七平六　炮 2 平 3

20. 炮五进四　士 4 进 5

21. 相三进五　马 4 进 6

22. 马九进七　车 4 进 4

23. 马七退九　马 6 退 5

24. 车三退一　马 5 退 3

25. 兵三进一　车 2 进 6！（图 130）

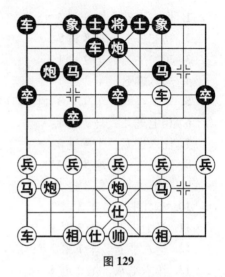

图 129

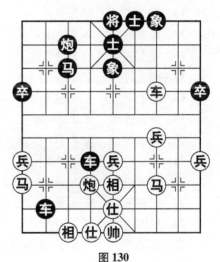

图 130

第 66 局　张学潮负王天一

1. 炮二平五　炮8平5
2. 马二进三　马8进7
3. 车一平二　车9进1
4. 马八进七　卒3进1
5. 车二进五　车9平3（图131）
6. 相七进九　马2进1
7. 仕六进五　士4进5
8. 兵三进一　炮5平4!
9. 兵五进一　象3进5
10. 车九平六　车3进2
11. 马七进五　炮2退1
12. 炮八平七　车1平2
13. 车六平八　炮2进3
14. 车二进一　车3平4
15. 兵五进一　卒5进1
16. 兵七进一　炮2进2
17. 炮五进三　卒3进1!
18. 炮七平五　车4进3
19. 马五进四　车2进4
20. 马三进四　车4平6!
21. 前马进五?　车2平5!
22. 马五进三　将5平4
23. 炮五平六　卒3平4
24. 马四进六　马7进5
25. 车二平三　车6平4!（图132）

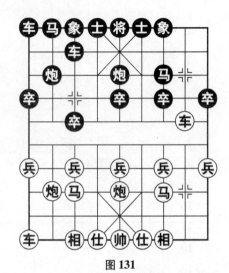

图 131

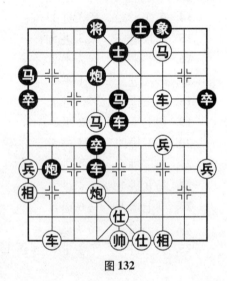

图 132

第 67 局　胡荣华胜宋义山

1. 炮二平五　炮 8 平 5
2. 马二进三　车 9 进 1
3. 车一平二　马 8 进 7
4. 车二进六　车 9 平 4
5. 仕四进五　马 2 进 1
6. 车二平三　车 4 进 7
7. 马八进九　卒 1 进 1
8. 兵三进一　车 1 进 1（图 133）

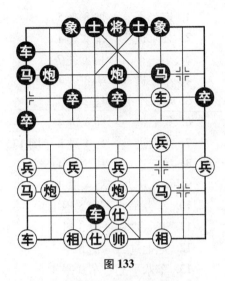

图 133

9. 炮五平四！车 1 平 8
10. 炮八平六　车 8 进 7
11. 车九平八　炮 2 进 6
12. 炮四进三！炮 2 平 5
13. 仕六进五　车 8 平 6
14. 车八进四！炮 5 进 4
15. 炮六平五　车 6 退 1
16. 马三进四！车 4 平 5
17. 帅五平六　车 5 进 1
18. 帅六进一　车 6 平 8
19. 炮五退一！车 8 平 3
20. 炮五进五　炮 5 平 6
21. 炮五退二！炮 6 退 2
22. 车三平六　马 1 退 3
23. 车六进三　将 5 进 1
24. 车六退一　将 5 退 1
25. 车八进五！（图 134）

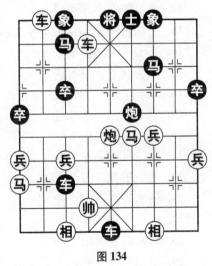

图 134

第 68 局 杨官璘负谢小然

1. 炮二平五　炮 8 平 5
2. 马二进三　车 9 进 1
3. 车一平二　马 8 进 7
4. 车二进六　卒 3 进 1
5. 炮八平七　马 2 进 3
6. 兵七进一　马 3 进 4
7. 兵七进一　马 4 进 6（图 135）
8. 兵三进一　马 6 进 4
9. 马八进九　马 4 退 3
10. 车九平八　炮 5 退 1
11. 车八进六　象 3 进 5
12. 炮七进二　炮 5 平 2
13. 车八平七　车 9 平 4
14. 炮五平七　车 4 进 6
15. 后炮进三　车 4 平 7
16. 车七进一　前炮平 1
17. 相三进五　象 5 进 3
18. 车二平三？炮 2 平 7
19. 车七平三　炮 7 进 2
20. 车三退一　炮 1 平 5
21. 车三平五　士 4 进 5
22. 炮七平九　车 1 平 4！
23. 仕六进五　车 4 进 8！
24. 炮九平四　车 7 平 5！
25. 炮四退三　炮 5 进 4！
26. 炮四平六　炮 5 平 7！（图 136）

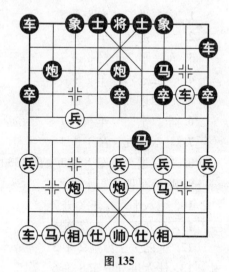

图 135

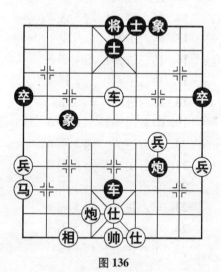

图 136

第 69 局　吕钦胜郑乃东

1. 炮二平五　炮 8 平 5
2. 马二进三　马 8 进 7
3. 车一平二　车 9 进 1
4. 马八进七　车 9 平 4
5. 兵三进一　卒 3 进 1
6. 车二进五　象 3 进 1
7. 炮八平九　车 4 进 2（图 137）
8. 车九平八　马 2 进 4
9. 马三进四　车 1 平 3
10. 炮五平六！卒 5 进 1
11. 炮六进六　卒 5 进 1
12. 马四退五！炮 2 平 3
13. 炮六平二　卒 5 进 1
14. 马七进五！车 4 平 5
15. 前马进六　车 5 进 4
16. 仕四进五　车 5 退 4
17. 马六进五　象 7 进 5
18. 炮九平五　卒 3 进 1
19. 车八进六　卒 3 进 1
20. 相七进九　车 5 进 2
21. 炮二平三　卒 7 进 1？
22. 车二进四！炮 3 进 1？
23. 车二退二　炮 3 平 5？
24. 车二平三　炮 5 进 4
25. 相三进五　车 3 进 1
26. 兵三进一　车 5 进 2
27. 车八平四（图 138）

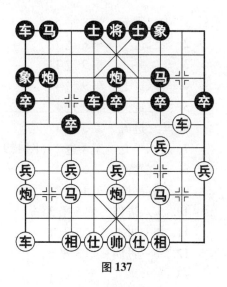

图 137

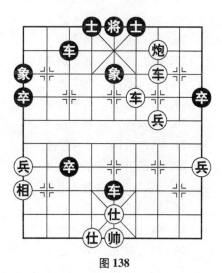

图 138

第70局 李国勋负蒋志梁

1. 炮二平五　炮8平5
2. 马二进三　马8进7
3. 车一平二　车9进1
4. 马八进七　车9平4
5. 兵三进一　卒3进1
6. 车二进五　象3进1
7. 炮八平九　车4进2 （图139）
8. 车九平八　马2进4
9. 炮五平四　车1平2
10. 车八进四　炮5平3
11. 相七进五　炮3退1
12. 马三进四　炮3平2!
13. 车八平九　卒1进1
14. 车九进一　前炮进7
15. 马七退八　马4进2
16. 马八进七　马2进1
17. 炮九进三　炮2进7
18. 车二退四　炮2进1!
19. 相五退七　车4进2!
20. 马四进六　卒3进1
21. 马六进四　车4平6
22. 马四进三　车6退4
23. 车二进七　炮2退2
24. 炮四进二　车2进4
25. 炮九进一　卒3进1
26. 马七退五　卒7进1
27. 兵三进一　车2平7
28. 炮四退一　炮2退6! （图140）

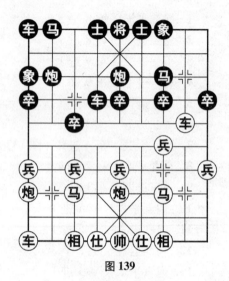

图 139

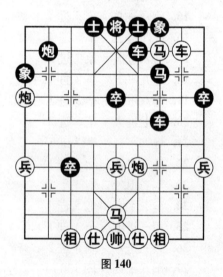

图 140

第71局 李义庭胜陈选源

1. 炮二平五　炮8平5
2. 马二进三　车9进1
3. 车一平二　马8进7
4. 仕四进五　车9平4
5. 马八进九　卒1进1
6. 车二进六　马2进1
7. 车二平三　车1进1（图141）
8. 炮八进二　车4进4
9. 炮八平七!　炮2进5
10. 车三进一!　炮2平7
11. 车三平四　车1平8
12. 车四退五　炮7进1
13. 车九平八　士4进5
14. 炮七进五　炮7平9
15. 炮七平九!　炮5进4
16. 帅五平四　炮9进1
17. 相三进一　车8进8
18. 帅四进一　车8退1
19. 帅四退一　将5平4
20. 车八进九　将4进1
21. 车八退一　将4退1
22. 炮五平六!　车4平8
23. 车四进三!　炮5退2
24. 马九退七　前车进1
25. 帅四进一　前车退1
26. 帅四退一　炮5平3
27. 车四平六　士5进4
28. 车六平七　将4平5
29. 车七平四!（图142）

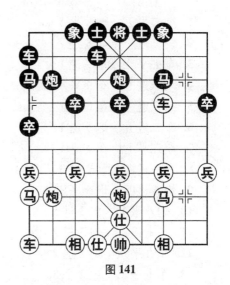

图 141

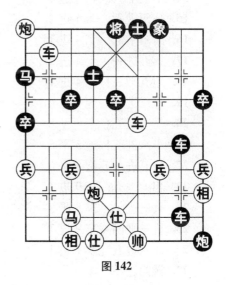

图 142

第72局　胡荣华胜陈孝坤

1. 炮二平五　炮 8 平 5
2. 马二进三　马 8 进 7
3. 车一平二　车 9 进 1
4. 马八进七　车 9 平 4
5. 兵三进一　卒 3 进 1
6. 车二进五　炮 5 退 1
7. 车二平七　车 4 进 1
8. 马三进四　马 2 进 3 （图 143）
9. 炮八进四　炮 5 平 3
10. 炮八平七　象 3 进 5
11. 车七退一　炮 3 进 2
12. 车九平八　炮 2 退 2
13. 车七进二　炮 2 平 3
14. 车七平八　马 3 进 4
15. 马四进六　车 4 进 2
16. 前车平七　车 4 进 1
17. 兵五进一　士 4 进 5
18. 炮五平三！车 4 进 1
19. 炮三进四　炮 3 进 6
20. 马七退五！车 4 平 8
21. 车八进三！炮 3 平 5
22. 马五进七　炮 5 平 6
23. 相七进五　卒 9 进 1
24. 兵三进一　车 8 平 9
25. 兵三平四　卒 9 进 1
26. 仕六进五　卒 1 进 1
27. 兵四进一　车 9 平 7
28. 马七进六　车 1 平 4
29. 马六进八　车 4 进 2
30. 车七平六！（图 144）

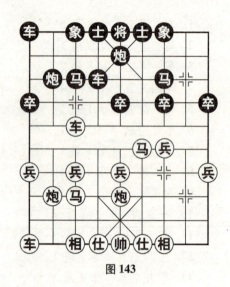

图 143

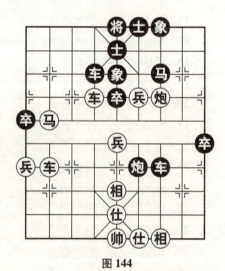

图 144

第73局 蒋志梁胜李智屏

1. 炮二平五　炮8平5
2. 马二进三　马8进7
3. 车一平二　车9进1
4. 马八进七　马2进1
5. 车二进六　卒7进1
6. 车二平三　车9平4 （图145）
7. 仕四进五　炮2平3
8. 车九平八　车1平2
9. 炮八进四　士4进5
10. 车三退一　车4进5
11. 炮五平四　象7进9
12. 车三平八！卒1进1
13. 前车平九　车2进2
14. 兵三进一　炮3进4
15. 相七进五　炮3平5
16. 炮四进五！车2进1
17. 车八进六　前炮退1
18. 炮四平九　象3进1
19. 车八平七！车4平6
20. 车九进二　士5退4
21. 马七进六　车6平7
22. 马六进五！车7进1
23. 帅五平四　马7进6
24. 马五进三！车7退1
25. 马三退四　车7平6
26. 帅四平五　后炮进2
27. 车九退三　前炮进3
28. 仕六进五　车6退2
29. 车七平五　士6进5
30. 车九平五！（图146）

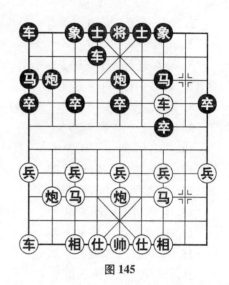

图 145

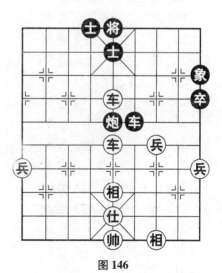

图 146

第74局　张申宏负肖革联

1. 炮二平五　炮8平5　　　　2. 马二进三　马8进7
3. 车一平二　车9进1　　　　4. 兵三进一　车9平4
5. 马八进七　卒3进1　　　　6. 车二进五　马2进3
7. 车二平七　车4进1
8. 炮八进四　炮5退1（图147）
9. 炮八平三　象7进5
10. 车七平四　车4进5
11. 车九进二　炮5平3！
12. 车九平八　车1进2！
13. 仕四进五　车4退3！
14. 车四平六　马3进4
15. 车八进三　马4进3
16. 车八退五　炮3进6
17. 马三进四　马3进5
18. 相三进五　炮2平4
19. 马四进六　炮3退3
20. 车八进六　炮4退1！
21. 马六进四　士6进5
22. 炮三平二　车1平4
23. 兵三进一　车4进2
24. 兵三进一　车4平8！
25. 车八平九　将5平6
26. 兵三进一　车8进5！
27. 仕五退四　车8退6
28. 车九平五　炮3退2
29. 车五进一　车8平6
30. 车五平七　车6进6
31. 帅五进一　车6退1
32. 帅五退一　车6进1
33. 帅五进一　车6退3！（图148）

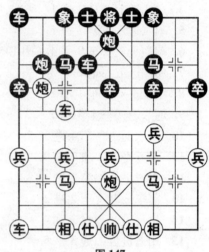

图 147

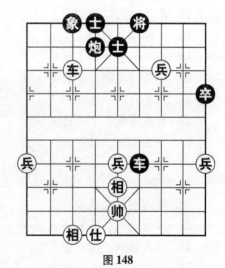

图 148

第 75 局　谢卓淼胜陈信安

1. 炮二平五　炮8平5
2. 马二进三　马8进7
3. 车一平二　车9进1
4. 马八进七　车9平4
5. 兵三进一　卒3进1
6. 车二进五　马2进3
7. 车二平七　车4进1
8. 炮八进四　炮5退1（图149）
9. 炮八平七　象3进5
10. 车七退一　车1平2
11. 车九平八　炮2进4
12. 仕六进五　车4进1
13. 炮五平六　卒7进1
14. 兵三进一　象5进7
15. 相七进五　马7进6
16. 马三进四　炮5进5?
17. 炮六进一!　炮2平4
18. 车八进九　马3退2
19. 马七进五　马6进4
20. 炮七进三　士4进5
21. 车七平八　马2进3
22. 炮七平九　马4退2
23. 兵七进一!　车4进2
24. 马四进五　马3进5
25. 车八进一　车4平5
26. 马五进三　象7进5
27. 马三进五!　马5退3
28. 马五进七!　车5平4
29. 车八进二　车4退3
30. 马七退五!　车4进2
31. 马五退六　车4进2
32. 车八平七　车4平9
33. 车七进二　士5退4
34. 车七平八!（图150）

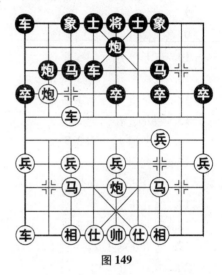

图 149

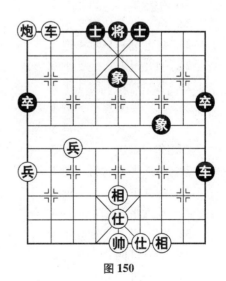

图 150

第76局　唐丹胜韩冰

1. 炮二平五　炮8平5
2. 马二进三　马8进7
3. 车一平二　车9进1
4. 马八进七　卒3进1
5. 兵三进一　车9平4
6. 车二进五　炮5退1
7. 车二平七　车4进1
8. 兵七进一　象3进5（图151）
9. 车七进一　马2进1
10. 车七平九　炮5平3
11. 炮八平九！炮3进6
12. 前车进一　车1进2
13. 炮九进五　炮2退2
14. 马三退五　炮3平2
15. 炮九退三　车4进2
16. 车九进二　前炮退6
17. 炮九进五　后炮平3
18. 车九平八　炮2平9
19. 炮五平七！将5进1？
20. 炮七进七　象5退3
21. 车八平二　将5平4
22. 马五进七　炮9平5
23. 兵七进一！车4退2
24. 炮九退五！炮5平6
25. 车二进六！将4平5
26. 车二平三！卒5进1
27. 兵七平六　马7进5
28. 车三退二　马5退3
29. 车三平七　将5退1
30. 炮九平七　马3退1
31. 兵六平五　车4进4
32. 炮七平五　炮6平5
33. 炮五进四　士6进5
34. 兵三进一　象3进5
35. 兵三平四！（图152）

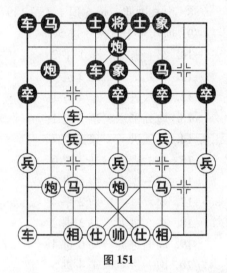

图151

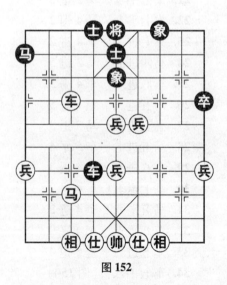

图152

第77局 李志海胜蓝春雨

1. 炮二平五　炮8平5
2. 马二进三　车9进1
3. 车一平二　马8进7
4. 马八进九　卒1进1
5. 车二进六　马2进1
6. 车二平三　车9平4
7. 仕四进五　车1进1（图153）
8. 炮八进二　车4进4
9. 炮八平七　炮2进5！

10. 仕五进六！车4进2
11. 车三进一　车4退4
12. 炮七平三！炮2平7
13. 炮三退二　炮5进4
14. 仕六进五　车1平4
15. 帅五平四　后车平6
16. 炮三平四　士4进5
17. 炮五平六！车6进5
18. 炮四退一　炮5退2
19. 相七进五　炮5进4
20. 车九平六　卒5进1
21. 车三平二　卒5进1
22. 车二退五　卒5进1
23. 车六进一　马1进2
24. 车二平四　车4进4?
25. 车四进一　车4进1?
26. 炮四平六　卒5平6
27. 帅四进一　炮5进1
28. 炮六退一！马2进4
29. 马九退七　卒6进1
30. 帅四进一　炮5退1
31. 帅四退一　马4进3
32. 炮六平七！马3退5
33. 帅四平五　卒1进1
34. 马七进六　马1进3
35. 帅五退一　卒1平2
36. 马六进五　马3退5

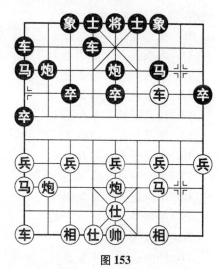

图153

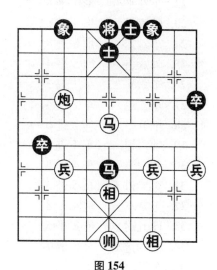

图154

37. 炮七进六！（图154）

第78局　窦国柱负沈志弈

1. 炮二平五　炮8平5
2. 马二进三　马8进7
3. 车一平二　车9进1
4. 仕四进五　车9平4
5. 马八进九　卒1进1
6. 车二进六　马2进1
7. 车二平三　车1进1
8. 兵三进一　车4进7（图155）
9. 炮五平六　车1平6
10. 相三进五　车6进7
11. 炮八进二　卒5进1
12. 炮八平六　炮2进5!
13. 前炮退三　炮2平5
14. 仕五退四　车6退1!
15. 车三平五　前炮平7
16. 车五平六　车6进1!
17. 车六进三　将5进1
18. 车六退一　将5退1
19. 前炮平五　车6平8!
20. 炮六平三　车8平7
21. 仕六进五　士6进5
22. 车九平八　炮7平8
23. 帅五平六　炮8退6!
24. 车六退二　炮8进8
25. 帅六进一　炮5平4
26. 车六平二　车7退3!
27. 车二退六　车7平4
28. 炮五平六　马7进6
29. 帅六退一　车4进2
30. 帅六平五　车4平3
31. 车二进五　马6进5
32. 车二平五　炮4平8!
33. 仕五退六　炮8平5
34. 仕六进五　马5退7!
35. 车五进一　将5平4
36. 相七进五　车3平5!

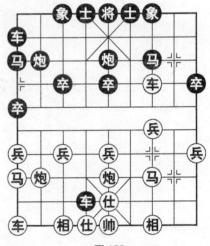

图 155

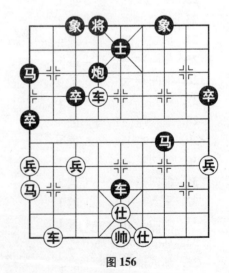

图 156

37. 车五平六　炮5平4!（图156）

第79局　胡荣华胜吴贵临

1. 炮二平五　炮8平5

2. 马二进三　马8进7

3. 车一平二　车9进1

4. 马八进七　车9平4

5. 兵三进一　卒3进1

6. 车二进五　炮5退1

7. 车二平七　车4进7（图157）

8. 兵五进一　象3进5

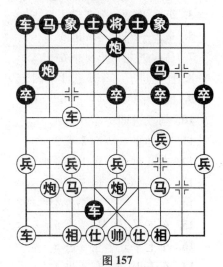

图157

9. 车七进一　马2进4

10. 车七进一！　车1进1

11. 马七进五　炮2进4

12. 仕六进五　车1平3

13. 炮五平七　车4平2

14. 车七平八！　车3平2

15. 车八进一　炮2平5

16. 马三进五　炮5平2

17. 车九进二　炮2进5

18. 兵七进一　车2进1

19. 相三进五　炮2平9

20. 仕五退六　马4进2

21. 兵五进一！　卒5进1

22. 马五进六　车2退

23. 仕四进五　士4进5

24. 马六进八　马7进5

25. 炮七进一！　炮9平5

26. 兵九进一！　卒5进1

27. 兵九进一　马2进4

28. 兵七进一　马5进4

29. 兵七平六　后马退2

30. 兵九进一　马2退4

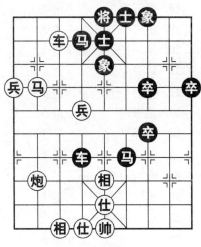

图158

31. 帅五平四　炮5平6

32. 帅四平五　炮6退5

33. 炮七平二　车2平4

34. 炮二退二　车4退2

35. 炮二进三！　炮6进4

36. 炮二平四　卒5平6

37. 车九进二　卒 6 平 7　　　　**38.** 车九平七　前马进 6

39. 车七进四！（图 158）

第80局　杨官璘负孟立国

1. 炮二平五　炮 8 平 5　　　　**2.** 马二进三　马 8 进 7

3. 车一平二　车 9 进 1　　　　**4.** 车二进六　卒 3 进 1

5. 车二平三　马 2 进 3　　　　**6.** 兵三进一　马 3 进 4

7. 马八进九　车 9 平 6

8. 仕六进五　车 1 进 1（图 159）

9. 炮八平六　马 4 进 6

10. 马三进四　车 6 进 4

11. 车九平八　炮 2 平 3

12. 车八进六　车 1 平 4！

13. 车八平七　炮 3 平 2

14. 兵三进一　炮 5 进 4！

15. 车三平五？马 7 进 5

16. 车七平五　士 6 进 5

17. 车五退三　车 4 进 4

18. 车五进三　卒 1 进 1

19. 车五平一　车 4 平 5

20. 兵三进一　象 3 进 5

21. 兵三平四　卒 3 进 1

22. 兵四平五　卒 3 进 1！

23. 兵五进一　象 7 进 5

24. 车一平八　车 5 平 2

25. 车八平二　卒 3 平 4

26. 炮六退二　车 2 平 5

27. 车二进三　车 6 退 5

28. 车二退六　车 5 进 1

29. 车二进二　车 6 进 5

30. 马九退八　车 6 平 3！

31. 车二平八　炮 2 平 3

32. 相七进九　车 3 进 3

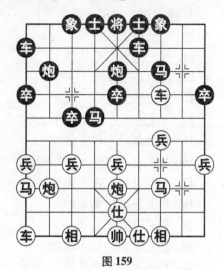

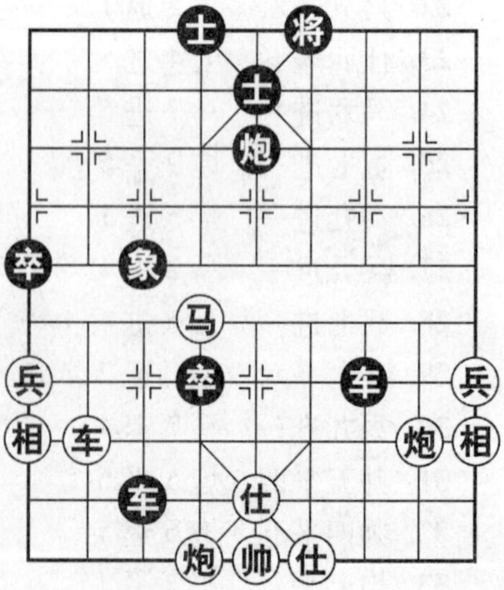

图 159

图 160

33. 车八退三　象5进3！
34. 车八进五　炮3平6
35. 车八退五　将5平6
36. 马八进七　车5平7
37. 马七进六　炮6平7
38. 相三进一　炮7平8！
39. 炮五平二　炮8平5！（图160）

第81局　季本涵负胡荣华

1. 炮二平五　炮8平5
2. 马二进三　马8进7
3. 车一平二　车9进1
4. 仕四进五　车9平4
5. 车二进六　马2进3
6. 马八进九　卒3进1
7. 车二平三　炮5退1（图161）
8. 兵三进一　车4进4
9. 相三进一　炮5平7
10. 车三平四　士4进5
11. 马三进四　炮2进1
12. 车四进二　炮2退2
13. 车四退二　象3进5
14. 炮五平三　马7进8
15. 兵三进一　马8进7
16. 兵三进一　马7退8！

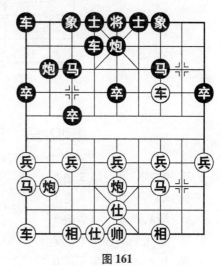

图161

17. 马四进二　炮7进6
18. 马二退四　炮2退2
19. 车四进二　炮7平3！
20. 车九进一　卒3进1！
21. 兵七进一　炮2退2
22. 车四退三　炮2平3
23. 炮八进二　车4平3
24. 兵九进一　前炮平2
25. 帅五平四　车1平2
26. 车九平八　车2进4
27. 车四进一　车3进3
28. 相七进五　炮2平5
29. 马四退五　车3平1
30. 车四退四　车1平3
31. 兵三平四　马3进4
32. 炮八退一　马4进3
33. 兵四平五　车2平8
34. 炮八平七　车8进5
35. 帅四进一　车3退1！
36. 车八进八　炮3退1
37. 车四进一　车8退1
38. 帅四退一　车3平2
39. 车八平九　车8进1
40. 帅四进一　车8退2！（图162）

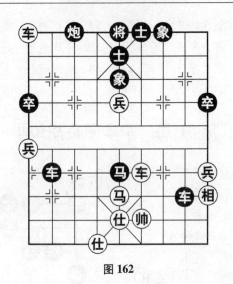

图 162

第82局　田嘉树负杨官璘

1. 炮二平五　炮8平5　　　　　2. 马二进三　马8进7
3. 车一平二　车9进1　　　　　4. 车二进六　车9平4
5. 马八进九　马2进3　　　　　6. 炮八平七　卒3进1
7. 车九平八　车1进2（图163）
8. 兵七进一　车4进6
9. 车八进二　马3进2！
10. 车八进三　车4平3
11. 兵七进一　炮5退1
12. 兵七平六　象3进5
13. 车二进二　炮2平3
14. 马九退八　车3进2
15. 兵三进一　炮3退1
16. 车二退一　炮5平4
17. 仕四进五　车3退4！
18. 车二平三　炮3进1
19. 炮五进四　炮4平5
20. 相三进五?　车3平7！　　　　21. 车三平四　车7进2
22. 车四退一　炮5进2　　　　　23. 车四平五　车7平5

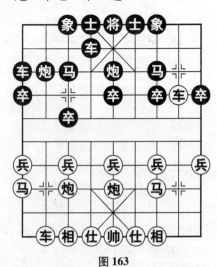

图 163

24. 车八平七 士6进5　　　25. 兵六进一 车5平7

26. 马八进六 车1平2　　　27. 马六进七 炮3退2

28. 马七进五 炮3平2

29. 车五平四 车2进4

30. 车四退三 士5进6

31. 车七退五 士4进5

32. 兵六进一 士5进4

33. 车四进四 车2平5

34. 马五进六 车5退3

35. 马六进八 车7进2

36. 车四退七 车7平6

37. 帅五平四 炮2平4

38. 马八进九 车5平6

39. 帅四平五 将5平6

40. 车七进七 炮4平5！（图164）

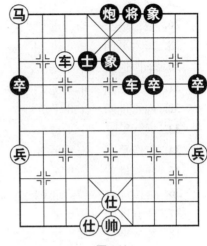

图164

第83局　杨官璘负沈志弈

1. 炮二平五 炮8平5　　　2. 马二进三 车9进1

3. 车一平二 马8进7　　　4. 仕四进五 车9平4

5. 车二进六 马2进3　　　6. 车二平三 炮5退1

7. 马八进九 卒3进1（图165）

8. 炮八平七 炮5平7

9. 车三平四 马3进4！

10. 车四退三 车1进1

11. 车九平八 炮2平3

12. 兵五进一 象7进5

13. 兵五进一 卒5进1！

14. 炮七平六 车4平2

15. 车八进八 车1平2

16. 车四平六？ 马4进3！

17. 马九进七 卒3进1

18. 相七进九 炮3进4

19. 马三进五 炮3平5

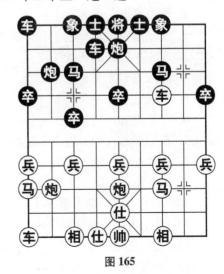

图165

20. 车六平五	卒 3 平 4	21. 车五进二	炮 7 平 5
22. 车五平六	卒 4 平 5	23. 相九进七	卒 5 进 1
24. 炮五平二	车 2 进 2	25. 车六进三	车 2 平 8
26. 炮二平三	马 7 进 6	27. 炮六退一	炮 5 平 8
28. 车六平四	马 6 进 7！	29. 仕五退四	炮 8 退 1

30. 车四退四 车 8 进 4
31. 炮三平四 车 8 进 2！
32. 炮六进四 车 8 平 7
33. 炮六平五 士 4 进 5
34. 车四平二 炮 8 平 9
35. 仕六进五 炮 9 进 6
36. 炮四进六 马 7 进 6！
37. 仕五进四 马 6 退 4
38. 帅五平六 马 4 进 2
39. 帅六平五 炮 9 进 3
40. 炮四平二 车 7 退 5
41. 车二退四 马 2 退 4
42. 帅五平六 马 4 进 6！（图 166）

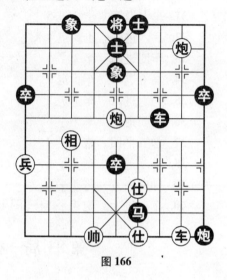

图 166

第 84 局　胡荣华胜范清涌

1. 炮二平五 炮 8 平 5
2. 马二进三 车 9 进 1
3. 车一平二 马 8 进 7
4. 马八进七 车 9 平 4
5. 兵三进一 卒 3 进 1
6. 车二进五 马 2 进 3
7. 车二平七 马 3 进 4（图 167）
8. 仕六进五 象 3 进 1
9. 车七退一 车 1 平 3
10. 车七进五 象 1 退 3
11. 兵七进一 车 4 平 3
12. 相七进九 炮 2 平 4
13. 车九平八 炮 5 退 1

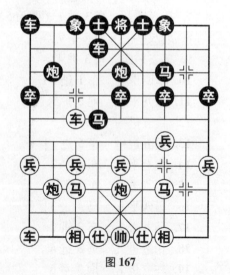

图 167

14. 炮八进五！ 象 7 进 5

15. 马七进六！ 炮 5 平 6

16. 马六进四 炮 6 进 2

17. 炮八进二 车 3 平 8

18. 炮五平七 车 8 进 3

19. 炮八退四！ 卒 7 进 1

20. 马四退六！ 车 8 进 2

21. 兵七进一！ 卒 7 进 1

22. 兵七平六 炮 4 进 3

23. 车八进四 卒 7 进 1

24. 车八平六 卒 7 进 1

25. 车六平四 炮 6 平 8

26. 车四进二 炮 8 进 1

27. 炮八进四 车 8 平 7

28. 炮七进五 马 7 退 5

29. 炮七退一 车 7 平 5

30. 炮八平九 炮 8 平 7

31. 相三进一 卒 7 进 1

32. 车四进一 炮 7 平 8

33. 炮七退五 炮 8 进 5

34. 相一退三 卒 7 进 1

35. 车四平五！ 车 5 平 6

36. 仕五进四 车 6 进 1

37. 帅五进一 车 6 平 3

38. 炮七平六 车 3 退 5

39. 车五退一 炮 8 退 7

40. 炮六进三！ 炮 8 平 5？

41. 车五平六 马 5 进 7？

42. 车六进三 将 5 进 1

43. 车六退一！（图 168）

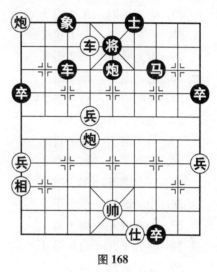

图 168

第 85 局 杨官璘负臧如意

1. 炮二平五 炮 8 平 5

2. 马二进三 马 8 进 7

3. 车一平二 车 9 进 1

4. 车二进六 马 2 进 3

5. 车二平三 车 9 平 6（图 169）

6. 兵七进一 车 6 进 1

7. 炮八平六 炮 5 退 1

8. 兵三进一？ 炮 2 进 1！

9. 车三退一 卒 3 进 1！

10. 车三平七 炮 5 平 3！

11. 马八进七 炮 3 进 3

12. 兵七进一 车 6 平 4

13. 仕六进五 炮 2 退 2

14. 兵七进一 马 3 退 1

15. 车九平八 炮 2 平 7！

16. 相三进一 象 3 进 5

17. 炮六进四 马 1 退 3

18. 马三进四 车 4 平 2

19. 兵七平八　车2平3
20. 炮六平七　炮7平2
21. 车八平九　马3进1
22. 马四进五　马7进5
23. 炮五进四　士4进5
24. 马七进六　车1平4
25. 马六进四　车4进4
26. 兵三进一　车4平5
27. 炮五平四　车5退1！
28. 兵三进一　马1进2
29. 炮七平九　马2退4
30. 炮九退二　车3进2
31. 马四进二　马4进5！
32. 炮九平五　马5退7
33. 马二退三　马7进6
34. 车九平八　炮2平4
35. 相七进五　车3进2
36. 相一退三　车3平5
37. 车八进九　炮4退1
38. 炮五平九　马6进4
39. 仕五进六　前车平7
40. 仕四进五　马4进6！
41. 仕五进四　车7进3
42. 帅五进一　车7退4！
43. 炮九进五　车5进4！（图170）

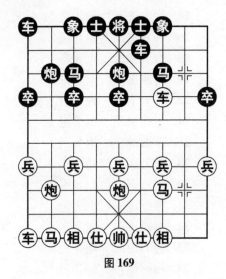

图 169

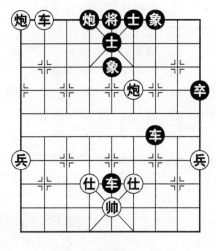

图 170

第 86 局　崔岩胜王洪杰

1. 炮二平五　炮8平5
2. 马二进三　马8进7
3. 车一平二　车9进1
4. 马八进九　卒1进1
5. 车二进六　马2进1（图171）
6. 车二平三　车9平4
7. 仕四进五　士4进5
8. 兵三进一　车4进4
9. 炮五平六　象7进9
10. 相三进五　炮5平3

11. 兵三进一　车 4 退 1

12. 兵九进一！车 4 平 5

13. 兵五进一！车 5 进 1

14. 兵九进一　车 5 平 1

15. 车三平二　前车退 1

16. 兵三进一　马 7 退 9

17. 车二进二！炮 3 退 1

18. 车二退一　炮 2 平 4

19. 车二平一　前车平 7

20. 车一退一　马 1 进 2

21. 车九平八　炮 4 进 1

22. 炮八进二　炮 4 平 7

23. 炮八平一　马 9 退 7

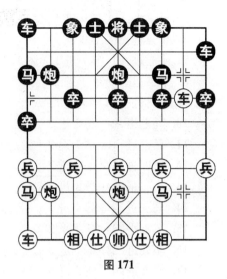

图 171

24. 马三进四　炮 7 退 2

25. 马四进五　车 7 平 5

26. 车八进四　车 1 进 2

27. 炮一平三　炮 7 平 8

28. 车一平三　马 7 进 6

29. 炮三平一　炮 8 平 9

30. 相五退三　车 1 平 4

31. 炮六平二　象 3 进 5

32. 炮一进三　炮 9 平 8

33. 炮二进五！将 5 平 4

34. 相三进五　车 5 平 9

35. 炮二平五　车 9 进 2

36. 车三退六　车 9 退 2

37. 车八平九　炮 3 平 1

38. 车九进一　炮 8 平 9

39. 炮一平二　炮 9 平 8

40. 马九进八　车 4 进 1

41. 马五进三　车 4 平 5

42. 炮五平八　车 5 平 6

43. 炮二退四　车 9 进 2？

44. 马三退二！（图 172）

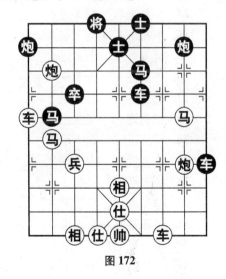

图 172

第 87 局　赵国荣胜于幼华

1. 炮二平五　炮 8 平 5

2. 马二进三　马 8 进 7

3. 车一平二　车9进1

4. 马八进七　车9平4

5. 兵三进一　卒3进1

6. 车二进五　炮5退1

7. 兵七进一！卒7进1（图173）

8. 车二退一　卒3进1

9. 兵三进一　卒3进1

10. 马七退八　马2进3

11. 兵三进一　马7退9

12. 仕四进五　车4进7

13. 车二平七！马3进4

14. 马三进四　马4进6

15. 车七平四　车4平2

16. 车九进二！车1进2

17. 炮五进四　炮5进5

18. 帅五平四　炮2平6

19. 炮八平四　车2退3

20. 车四进二　车2平5

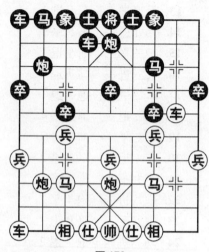

图173

21. 炮四进五　炮5退3

22. 炮四平五！炮5平3

23. 车四进三　将5进1

24. 车九平八　炮3进6

25. 帅四进一　车1平3

26. 车八平二　马9进8！

27. 车二进四　将5平4

28. 炮五平三　士4进5

29. 车四退三　车3平6

30. 车四进一　士5进6

31. 车二退三　车5平3

32. 炮三进一　将4退1

33. 相三进一　卒3进1

34. 兵三进一　炮3退1

35. 仕五进四　炮3平2

36. 兵三平四！　卒3进1

37. 帅四退一　车3平6

38. 帅四平五　象3进5

39. 车二平七！车6退3

40. 车七退二　炮2退4

41. 车七平六　将4平5

42. 车六进四　炮2退3

43. 车六进三　炮2进3

44. 马八进七！（图174）

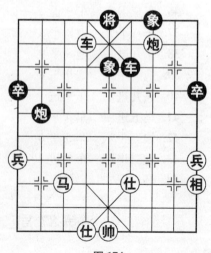

图174

第88局　言穆江负王嘉良

1. 炮二平五　炮8平5　　　　2. 马二进三　马8进7

3. 车一平二　车9进1　　　　4. 马八进七　车9平4

5. 兵三进一　卒3进1　　　　6. 车二进五　马2进3

7. 车二平七　马3进4

8. 车九进一　象3进1（图175）

9. 车七退一　炮2平4

10. 炮八退一　炮4平3

11. 炮八平六　车4平6

12. 车九平八　车1平3

13. 仕六进五　车6进3

14. 炮六进三　士6进5

15. 车七进二　卒7进1

16. 兵五进一　炮5进3

17. 马七进五　卒5进1!

18. 炮五平七　卒7进1

19. 车八进四　象1进3

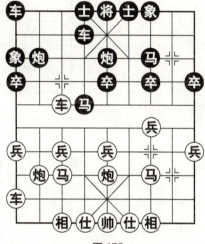

图175

20. 车七平三　象7进5

21. 车三退二　马7进8

22. 车八进一　炮3平1　　　23. 车八平六　车6进2

24. 车三平二　马8退6　　　25. 炮六退一　车6退2!

26. 相三进五　马4进5　　　27. 马三进五　马6进8

28. 马五退三　炮1平2　　　29. 车六平八　车3进2

30. 炮六进三　炮2平1　　　31. 兵七进一　马8退7

32. 车二进三　马7进5　　　33. 炮六平一　车6退4

34. 车二退二　马5进7　　　35. 炮一进一?马7进6!

36. 车八平六　车3进1　　　37. 车六退三　炮1平9

38. 车二进二　炮9进1　　　39. 炮七退一　车3平2

40. 马三进二　马6退7　　　41. 车二平三　炮9平3

42. 车六进三　炮3退1　　　43. 车六平八　炮3平7

44. 兵七进一　车6进5　　　45. 车八平三　炮5平8!

46. 车三进一　车6进3!（图176）

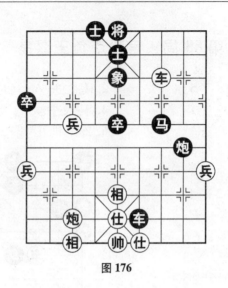

图 176

第89局　杨官璘胜袁天成

1. 炮二平五　炮8平5
2. 马二进三　车9进1
3. 车一平二　马8进7
4. 车二进六　车9平4
5. 车二平三　马2进3
6. 兵七进一　炮5退1（图177）
7. 炮八平七　车4进1
8. 马八进九　炮5平7
9. 车三平四　士4进5
10. 车九平八　车1平2
11. 车八进六　马7进8
12. 车四平三　马8退7
13. 车三平四　马7进8
14. 车四退四　象3进5
15. 仕四进五　炮7进2
16. 兵三进一　卒3进1
17. 车八退三　炮2平1
18. 车八进六　马3退2

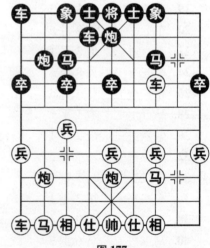

图 177

19. 马三进四！　马8进6
20. 车四进二　炮7进6？
21. 炮五进四　马2进4
22. 炮五退二　卒3进1
23. 相七进五　炮7退3

24. 相五进七	车4进4	25. 帅五平四	炮1退2
26. 车四退一	炮7进1	27. 兵九进一	马4进2?
28. 马九进八	马2进4	29. 炮七平五	马4进3
30. 马八进九	炮7平8	31. 马九进八	炮8退6
32. 后炮平三	马3退5	33. 车四进五!	马5退7

34. 车四平二! 车4退5
35. 车二退二 车4平2
36. 车二平三 象7进9
37. 车三平五! 车2进6
38. 炮五进三 士5进4
39. 炮三平六 车2退2
40. 兵九进一 车2平7
41. 车五平九 炮1平2
42. 车九平八 炮2平3
43. 车八平七 炮3平4
44. 车七进三! 车7平6
45. 帅四平五 车6平4
46. 兵九进一 象9退7
47. 炮五退三! (图178)

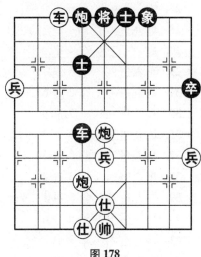

图 178

第90局 黄松轩胜卢辉

1. 炮二平五 炮8平5
2. 马二进三 马8进7
3. 车一平二 车9进1
4. 车二进六 车9平4
5. 车二平三 车4进7 (图179)
6. 马八进七 马2进1
7. 兵五进一 车4退2
8. 马七进五 士4进5
9. 兵五进一 卒5进1
10. 马五进四 马7退9
11. 车三平一 马9进7
12. 车一平三 马7退9

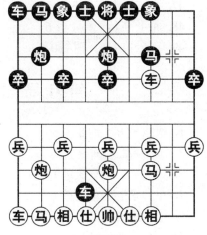

图 179

13. 车三平五　炮2平4
14. 仕六进五　车1平2
15. 炮八平九　车2进4
16. 马三进五　炮4进3
17. 车五退一!　车2平5
18. 炮五进三　将5平4
19. 马四进五　象7进5
20. 马五进三　炮4平5
21. 相七进五　马9进7
22. 炮五平一!　马7进6
23. 炮一退一　马6进8
24. 兵九进一　卒3进1
25. 炮九进一　车4退3
26. 马三退五　马8进6
27. 炮一平三!　车4平2
28. 车九平六　将4平5
29. 车六进四　马6退7
30. 炮三平一　卒3进1
31. 马五进七　车2进6
32. 车六退四　车2退3
33. 兵三进一!　马7进9
34. 兵一进一　象5进3
35. 炮九进三　车2平3
36. 马七进五　象3退5
37. 马五进三!　马1进3
38. 车六进六　马3进2
39. 炮九进三　象3进1
40. 马三进五　士5进6
41. 马五进六　车3退6
42. 车六平五　士6进5
43. 车五退二　马2进1
44. 马六退五　车3进2
45. 仕五进六　马1进3
46. 帅五平六　象1进3
47. 车五平七　马3退4
48. 车七平六　马4进6
49. 仕六退五!（图180）

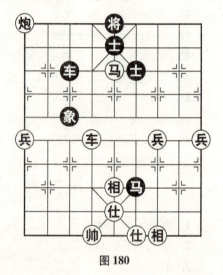

图 180

第91局　胡荣华胜徐天红

1. 炮二平五　炮8平5
2. 马二进三　马8进7
3. 车一平二　车9进1
4. 马八进七　车9平4
5. 兵三进一　卒3进1
6. 车二进五　炮5退1
7. 车二平七　车4进1
8. 马三进四　马2进3（图181）
9. 炮八进四　炮5平3
10. 炮八平七　象3进5
11. 车七退一　炮3进2
12. 车九平八　炮2退2

13. 车七进二　炮2平3

14. 车七平八　马3进4

15. 马四进六　车4进2

16. 前车平七　车1进1

17. 仕六进五　卒7进1

18. 车八进四　车1平6

19. 兵五进一?　车6进5

20. 兵五进一　车4平5

21. 兵三进一　车6平7

22. 兵七进一　士6进5

23. 兵三进一　车7退3

24. 车八退一　车7进6

25. 车八平六　马7进6?

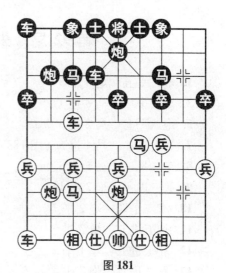

图 181

26. 车六进五!　马6进7

28. 帅五平六!　车5退1

30. 车六退六　炮3进1

32. 相七进五　车7退1

34. 车六进二　炮3进1

36. 帅六进一!　马8退9

38. 车六进三　卒1进1

40. 后车平七　车2进4

41. 帅六退一　车2进1

42. 帅六进一　车2退4

43. 车六平四　卒1进1

44. 车四进二　卒1进1

45. 车七平三　象7进9

46. 车三平二　士5退6

47. 车二平九　炮1平2

48. 车九进六　士6进5

49. 车九退二　象5进7

50. 车四退二　车2退1

51. 车四平二!　象9退7

52. 车二进三!（图182）

27. 炮五进四!　马7进8

29. 车七平五　炮3进7

31. 车五退三!　车7退4

33. 车六退一　炮3退1

35. 车五平二　车7平2

37. 车二平一　卒9进1

39. 车一平六　炮3平1

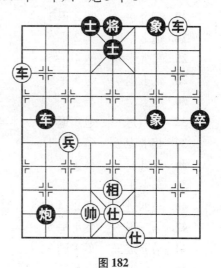

图 182

第 92 局　朱剑秋负陈松顺

1. 炮二平五　炮8平5　　　　　2. 马二进三　车9进1

3. 车一平二　马8进7　　　　　4. 车二进六　卒3进1

5. 炮八平七　马2进3　　　　　6. 兵七进一　马3进4

7. 兵七进一　马4进5（图183）

8. 车二平三　马5退6

9. 兵三进一　炮2退1！

10. 车三平四　炮2平7

11. 炮五进五　象3进5

12. 相七进五　车1平2

13. 马八进六　炮7平4

14. 兵七进一　马6进4

15. 马六进五？马4进2！

16. 帅五进一　马2进4

17. 车九进一　车9平8

18. 马五进七　车8进7

19. 车四退五　车8平6！

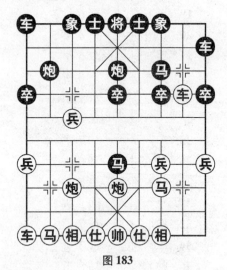

图 183

20. 帅五平四　马4退3　　　　　21. 相五进七　车2进7

22. 车九进一　车2退1　　　　　23. 帅四平五　炮4进3！

24. 炮七平四　车2平5　　　　　25. 炮四平五　车5平7

26. 车九平六　炮4平5　　　　　27. 帅五平六　士6进5

28. 炮五退一　车5平8　　　　　29. 兵三进一　炮8进4

30. 炮五退一　车7平2！　　　　31. 车六平九　车2进2

32. 帅六进一　炮8退1　　　　　33. 炮五进二　炮8平5

34. 相七退五　卒5进1　　　　　35. 兵七平六　象5进7

36. 车九平七　马7进8　　　　　37. 车七进一　卒5进1

38. 车七平二　卒5平4！　　　　39. 马三进四　马8退7

40. 马四进三？车2退5！　　　　41. 帅六退一　车2平4

42. 马三退五　卒4平5　　　　　43. 帅六平五　车4进1

44. 马五进三　车4进5！　　　　45. 车二进一　车4平6

46. 马三退五　卒5进1　　　　　47. 车二进二　将5平6

48. 相五进三　车6退4　　　　　49. 相三进五　车6平5

50. 马五退七　卒 5 平 4 　　　　**51.** 车二平四　将 6 平 5

52. 马七进八　车 5 平 4 　　　　**53.** 车四平三　卒 4 进 1！（图 184）

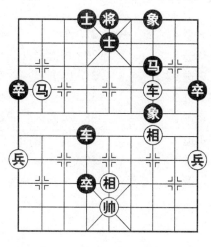

图 184

第 93 局　郝继超胜苗利明

1. 炮二平五　炮 8 平 5 　　　　**2.** 马二进三　马 8 进 7

3. 车一平二　车 9 进 1 　　　　**4.** 马八进七　马 2 进 3

5. 兵三进一　卒 3 进 1 　　　　**6.** 车二进五　象 3 进 1

7. 炮八进四　卒 7 进 1（图 185）

8. 车二平三　马 3 进 2

9. 车三平六　车 9 平 3！

10. 车六进二　炮 2 平 3

11. 炮八平七　车 3 平 2

12. 车九平八　车 1 平 2

13. 炮五退一　士 4 进 5

14. 车六退四　马 2 进 3！

15. 车八进八　车 2 进 1

16. 炮七退三　车 2 进 5

17. 马三进四　炮 3 进 4？

18. 相七进五　卒 3 进 1

19. 兵三进一　车 2 进 1

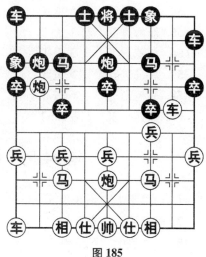

图 185

20. 车六退一 炮3平9　　21. 相五进七 炮9平1

22. 炮五平三! 炮1进3　　23. 帅五进一! 马7退9

24. 马四进六 炮5平4　　25. 马六进四 车2退3

26. 马四进三 将5平4　　27. 车六平三 炮4退1

28. 马三退四 马9进8　　29. 相七退九 马8进9

30. 相九退七 象7进5　　31. 帅五退一 车2平4

32. 仕四进五 象1进3　　33. 兵三进一 炮4平3

34. 马七退九 车4退2　　35. 马四退三 炮3进2

36. 车三平八 车4退1　　37. 马三退四 炮1平4?

38. 车八进七 将4进1　　39. 车八退三 炮3平7

40. 车八进二 将4退1　　41. 车八进一 将4进1

42. 马九进七! 车4退1　　43. 马七退六 车4平2

44. 车八退三 炮7平2　　45. 马六进七 马9退7

46. 马七进六 卒9进1

47. 仕五退六! 将4退1

48. 炮三平五 炮2退2

49. 马六进四 士5进4

50. 炮五进五 炮2平5

51. 炮五平六 将4平5

52. 相七进五 卒9进1

53. 相五进三 马7退6

54. 炮六平四 象5退7

55. 仕六进五 卒1进1

56. 相三进五 象3退1

57. 后马进五 炮5进3

58. 马五退七 士6进5

59. 炮四平五! (图186)

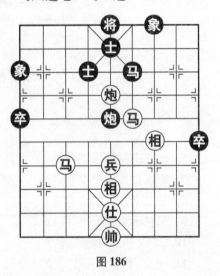

图186

第94局　喻之青胜赵汝权

1. 炮二平五 炮8平5　　2. 马二进三 马8进7

3. 车一平二 车9进1　　4. 兵三进一 车9平4

5. 马八进七 卒3进1　　6. 车二进五 炮5退1

7. 车二平七 象7进5 (图187)　8. 车七平八 炮2进5

9. 车八退三　马2进3

10. 车九平八　车4进3

11. 兵七进一　车1进2

12. 前车进六　卒7进1

13. 马七进八　车1退1

14. 前车退一　炮5平2

15. 炮五平七　马3进2

16. 马三进四　车4平6

17. 兵三进一　车6进1

18. 前车退二　车6平3

19. 兵三进一　马7退8

20. 炮七平五!　马8进6

21. 兵三平四　士4进5

22. 兵四平五　马6进7

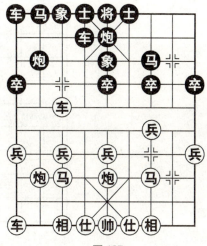

图 187

23. 前兵进一　象3进5

24. 炮五平八!　炮2进4

25. 炮八平五　车1平3

26. 后车进四　前车平2

27. 车八退一　车3进5

28. 车八平三　马7进5

29. 车三平五　马5退3

30. 炮五平一!　车3平1

31. 炮一进四　象5退7

32. 仕四进五　马3进1

33. 炮一平五　象7进5

34. 炮五平二　象5退7

35. 炮二退三　车1进3

36. 相三进五　车1平2

37. 车五平三　车2退5

38. 车三进五　马1进2

39. 车三退七　马2进3

40. 帅五平四　车2平8

41. 炮二平三　士5进4

42. 兵五进一　车8进2

43. 兵一进一　马3退4

44. 兵一进一　士6进5

45. 仕五进六　马4退6

46. 车三退二　车8平9

47. 仕六进五　卒1进1

48. 仕五进四　卒1进1

49. 炮三退二　车9退2

50. 炮三平四　车9进3

51. 仕六退五　马6进7

52. 帅四平五　车9平8

53. 车三进一　卒1平2

54. 仕五退四　卒2进1

55. 兵五进一　卒2平3

56. 兵五进一　士5退6

57. 兵五平六　士4退5

58. 相五进三!　马7退8

59. 车三进二!　车8平6

60. 车三平七!（图188）

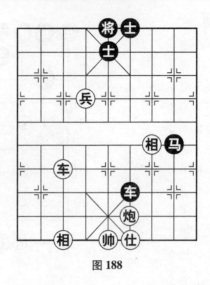

图 188

第 95 局　杨官璘负柳大华

1. 炮二平五　炮8平5　　2. 马二进三　马8进7
3. 车一平二　车9进1　　4. 车二进六　车9平4
5. 车二平三　马2进3
6. 仕四进五　炮5退1（图189）
7. 马八进九　卒3进1

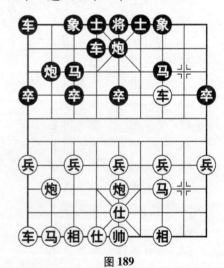

8. 炮八平七　炮5平7
9. 车三平四　马3进4
10. 车四退三　车1进1
11. 车九平八　炮2平3
12. 兵五进一　象7进5
13. 兵三进一　车4平2
14. 车八进八　车1平2
15. 车四平六　马4退6
16. 马三进四　车2进2
17. 兵三进一　炮7进3
18. 马四进五！马7进5　　　图 189
19. 兵五进一　马6进8
20. 炮五进四　士6进5　　21. 车六平五　马8退7
22. 兵九进一　炮7进3！　　23. 炮七平五　车2进5！

24. 前炮平二　炮 7 平 1　　25. 兵五进一　马 7 进 6

26. 车五平二　炮 1 退 1　　27. 车二退一！车 2 退 3

28. 车二进三　马 6 进 7　　29. 车二退三　车 2 平 5

30. 兵五平六　马 7 进 5　　31. 相三进五　炮 3 进 4

32. 炮二平五　炮 3 平 6　　33. 车二进七　炮 6 退 6

34. 车二退六　炮 1 进 3　　35. 车二平九　炮 1 退 4

36. 炮五平九　卒 9 进 1　　37. 炮九退一　卒 9 进 1

38. 兵一进一　车 5 平 9　　39. 仕五退四　炮 1 平 5

40. 仕六进五　卒 3 进 1！　41. 炮九退一　炮 5 平 1

42. 车九进一　卒 3 平 2　　43. 车九退一　车 9 平 4

44. 兵六平五　炮 6 进 4　　45. 车九平三　炮 6 平 5

46. 车三平五　炮 5 平 1　　47. 仕五退六　车 4 退 1

48. 车五进一　车 4 平 2

49. 兵五平四　炮 1 进 5

50. 仕四进五　炮 1 平 2！

51. 兵四平五　卒 2 进 1

52. 车五退一　卒 2 进 1

53. 车五平六　卒 2 进 1

54. 车六退二　炮 2 平 1

55. 仕五退四　炮 1 退 1

56. 车六进一　卒 2 平 3

57. 兵五平六　炮 1 进 1

58. 兵六平五　车 2 进 4

59. 帅五进一　卒 3 平 4！

60. 帅五平四　炮 1 退 1！（图 190）

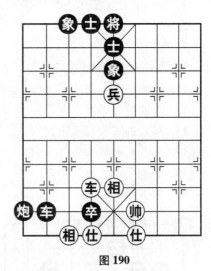

图 190

第三章　巡河车或上仕

第96局　高明海胜彭超

1. 炮二平五　炮8平5　　　　　2. 马二进三　马8进7
3. 车一平二　车9进1　　　　　4. 马八进七　卒7进1
5. 车二进四　马2进3　　　　　6. 兵七进一　车9平4（图191）
7. 兵三进一　卒7进1　　　　　8. 车二平三　炮5退1
9. 马七进六　炮5平7　　　　　10. 车三平四　车4进3
11. 炮八平六　车4平7　　　　　12. 车九平八　车1平2
13. 车四进四　马7退5　　　　　14. 车八进六！炮7进6
15. 马六进五　马3进5　　　　　16. 炮五进四　马5进4
17. 车八平七　炮2进1　　　　　18. 炮六平五　车7进2
19. 车七平六！炮2平5　　　　　20. 车六平五　士4进5
21. 车五平四！将5平4　　　　　22. 前车进一！（图192）

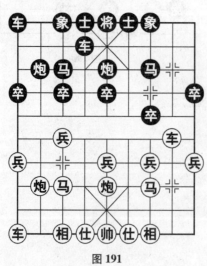

图191

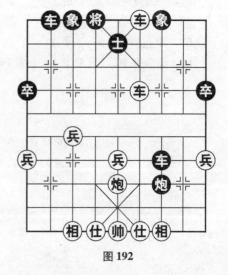

图192

第 97 局　　刘伯良胜李锦欢

1. 炮二平五　　炮8平5
2. 马二进三　　马8进7
3. 车一平二　　车9进1
4. 兵七进一　　车9平4
5. 马八进七　　马2进3
6. 车二进四　　车1进1
7. 炮八进二　　车4进5（图193）
8. 相七进九　　车1平6
9. 仕六进五　　车6进5
10. 车二平四!　　车6退1
11. 炮八平四　　炮5平6
12. 兵三进一　　车4退2
13. 兵五进一　　士6进5
14. 车九平八　　炮2平1
15. 马三进五!　　车4平8
16. 车八进六　　象3进5
17. 炮四退二　　卒3进1
18. 兵五进一!　　卒5进1
19. 车八平三　　马7退9
20. 兵七进一　　卒5进1
21. 炮五进二　　车8平3
22. 马五进七　　炮1平2
23. 后马进八　　马3进2
24. 炮四平七　　车3平6
25. 马七进六!　　车6平3
26. 炮五平七　　车3平5
27. 前炮进五!（图194）

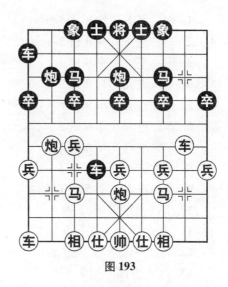

图 193

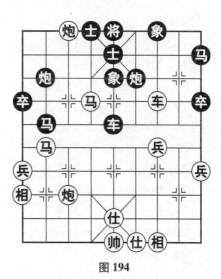

图 194

第98局 赵庆阁胜王嘉良

1. 炮二平五　炮8平5
2. 马二进三　马8进7
3. 车一平二　车9进1
4. 马八进九　马2进3
5. 仕四进五　车9平6（图195）
6. 车九进一　车6进5
7. 车九平六　车6平7
8. 兵七进一　卒7进1
9. 车二进六　卒5进1
10. 马三退四　炮2进4
11. 车六进六　车1进2
12. 车二平三!　士4进5
13. 车六退四　炮2平5
14. 车三进一　车7进3
15. 炮八进一　前炮退1
16. 车六进二　车1平2
17. 炮八平七　马3进5
18. 车三退一　车7退3
19. 炮七进三　车2进5
20. 车六进一!　车2退4
21. 兵七进一　卒7进1
22. 兵七平八!　车2进1
23. 炮七平五　车2平3
24. 车三进三　车3进5
25. 车六进二!　车7平6
26. 车六平五　将5平4
27. 车五进一　将4进1
28. 车三退一　后炮退1
29. 前炮退二!（图196）

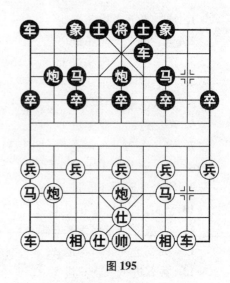

图 195

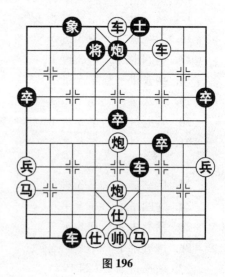

图 196

第99局 蔚强负王维杰

1. 炮二平五　炮8平5

2. 马二进三　马8进7

3. 车一平二　车9进1

4. 马八进七　车9平4

5. 兵七进一　马2进3

6. 车二进四　炮2进4（图197）

7. 车二平三! 车4进5

8. 相七进九　卒5进1

9. 车三进二　马7进5

10. 仕六进五　车4平3

11. 车九平七　炮2退3!

12. 马七退六　车3进3

13. 相九退七　车1进1

14. 马六进七　车1平4

15. 车三退二　车4进5

16. 兵七进一　车4平3

17. 兵七进一　车3进1

18. 兵七平八　卒5进1!

19. 兵八平七　卒5进1!

20. 兵七进一　车3进2

21. 仕五退六　卒5进1!

22. 兵七平六　炮5退1

23. 相三进五　车3退2

24. 炮八退一　车3平5

25. 炮八平五　马5进3

26. 兵六进一　炮5进1

27. 兵六进一　将5平4

28. 车三平六　将4平5

29. 车六退二? 马3进5!（图198）

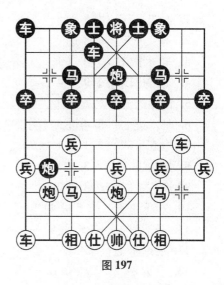

图 197

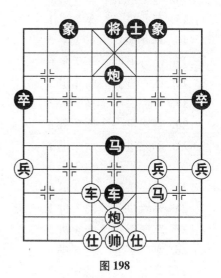

图 198

第100局　刘殿中负孙志伟

1. 炮二平五　　炮8平5
2. 马二进三　　马8进7
3. 车一平二　　车9进1
4. 车二进四　　车9平4
5. 仕四进五　　马2进3
6. 马八进七　　车4进5（图199）
7. 炮五平四　　车1进1
8. 炮八进二　　卒3进1
9. 炮八平四　　马3进2
10. 相七进五　　炮5进4!
11. 马七进五　　车4平5
12. 后炮进七?　　车5平7
13. 后炮平三　　马7退6
14. 炮三进五　　马6进7
15. 车九进二?　　车7进1
16. 车九平六　　车1平6
17. 仕五退四　　车7平6
18. 仕六进五　　前车退2
19. 车二进一　　马2进3
20. 炮三平一　　炮2进3
21. 车二进四　　后车退1!
22. 车二平三　　炮2平5!
23. 炮一平四　　马7退6
24. 车六进一　　卒3进1
25. 车三退三　　士4进5
26. 车三平五　　马6进5
27. 帅五平六　　马3进2!
28. 帅六进一　　炮5平4
29. 车六平八　　卒3进1!（图200）

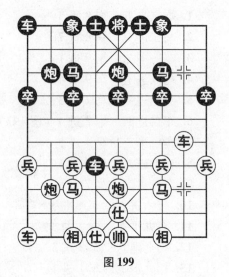

图 199

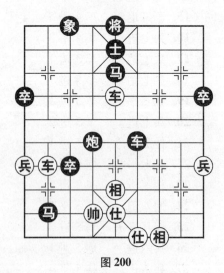

图 200

第101局 蔡福如胜孟立国

1. 炮二平五　炮8平5　　　2. 马二进三　马8进7
3. 车一平二　车9进1　　　4. 仕四进五　车9平4
5. 马八进九　卒1进1
6. 炮八平七　马2进1
7. 车九平八　车1平2
8. 车二进六　车4进3（图201）
9. 车二平三　马1进2
10. 炮七平八　炮2进5
11. 车八进二　炮5平2
12. 车八平六　车4进3
13. 仕五进六　象3进5
14. 兵三进一　士4进5
15. 马三进四　车2平4
16. 仕六退五　车4进5
17. 车三平四　马2进1
18. 兵三进一　炮2进3
19. 兵三进一　炮2平6
20. 兵三进一！马1进3
21. 仕五进六　马3进1
22. 仕六进五　马1进3
23. 马九退七！车4平1
24. 炮五进四！炮6平2
25. 相三进五　炮2进4
26. 仕五退六　车1进3
27. 帅五平四！将5平4
28. 炮五退二！炮2退9
29. 车四平六　将4平5
30. 车六平七　炮2平4
31. 兵三平四！（图202）

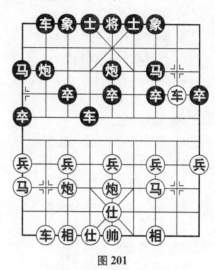

图201

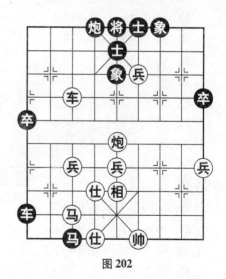

图202

第102局 朱剑秋负杨官璘

1. 炮二平五　炮 8 平 5
2. 马二进三　马 8 进 7
3. 车一平二　车 9 进 1
4. 仕四进五　车 9 平 4
5. 车二进六　马 2 进 3
6. 车二平三　炮 5 退 1
7. 兵三进一　车 4 进 4（图203）
8. 相三进一　车 1 进 1
9. 马八进九　卒 3 进 1
10. 炮八平七　炮 5 平 7
11. 车三平二　象 7 进 5
12. 兵九进一　卒 1 进 1
13. 车九平八　炮 2 进 2
14. 兵九进一　车 1 进 3
15. 车八进四　车 4 平 2
16. 马九进八　车 1 进 1
17. 马八退九　马 7 进 6
18. 车二进二　炮 7 平 1!
19. 兵三进一　马 6 进 4
20. 车二退四　卒 3 进 1
21. 炮七进二　马 4 进 5!
22. 炮七进五　象 5 退 3
23. 车二平九　马 5 进 7
24. 帅五平四　炮 1 平 6!
25. 兵三进一　马 3 进 4
26. 帅四进一　炮 2 退 2
27. 仕五进六　马 4 进 6
28. 帅四平五　马 6 进 7
29. 帅五平六　后马退 5
30. 帅六平五　炮 2 进 2!
31. 相七进五　炮 2 平 8!（图204）

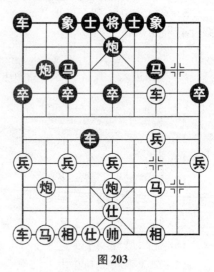

图 203

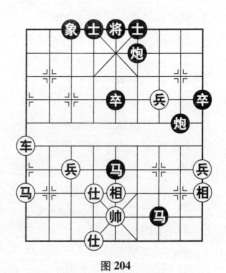

图 204

第 103 局　蒋志梁胜王嘉良

1. 炮二平五　炮 8 平 5　　　　2. 马二进三　马 8 进 7
3. 车一平二　车 9 进 1　　　　4. 马八进七　车 9 平 4
5. 兵七进一　卒 7 进 1　　　　6. 车二进四　车 4 进 5
7. 炮五平四　马 2 进 3（图 205）
8. 相七进五　卒 5 进 1
9. 仕六进五　马 3 进 5
10. 炮八进四　卒 5 进 1
11. 炮四进一　车 4 退 2
12. 炮八平五　马 7 进 5
13. 兵五进一　车 1 平 2
14. 车二进二！车 4 平 6
15. 炮四退一　马 5 退 7
16. 车九平八　炮 2 进 5？

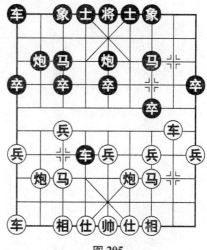

图 205

17. 马七进六！炮 2 退 1
18. 车二平三！马 7 退 9
19. 马六进七　士 4 进 5
20. 车三平一　象 7 进 9
21. 车一进一　马 9 退 7
22. 马七进六！车 2 进 1
23. 车一平五　车 6 进 3！
24. 车八进三！车 2 进 5
25. 仕五进四　车 2 平 7
26. 车五平七！车 7 进 1
27. 车七进二　士 5 退 4
28. 马六进四！马 7 进 6
29. 马四退五　将 5 进 1
30. 马五退六　车 7 平 6
31. 马六进七　将 5 平 6
32. 马七进六！（图 206）

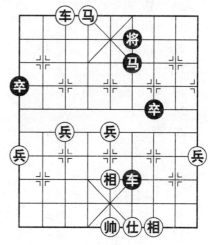

图 206

第 104 局　牟夏霖胜陆玉江

1. 炮二平五　炮8平5
2. 马二进三　车9进1
3. 车一平二　马8进7
4. 仕四进五　马2进3
5. 兵七进一　车9平4
6. 马八进九　车4进4（图207）
7. 炮五平六　车4平3
8. 相三进五　车3进2
9. 炮八进二　卒3进1
10. 炮八平三！马3退5
11. 车九平八　炮2平3
12. 炮六进四！卒3进1
13. 炮六平三　象7进9
14. 车八进八　卒3平4
15. 车二进八　炮3退1
16. 车八平七！车3退6
17. 后炮进三！车3进3
18. 车二平四　车3平8
19. 帅五平四　车8退4
20. 马九进七！卒4平3
21. 马七进九　车1进1
22. 马九进八　车1平4
23. 马八退七　车4进4
24. 马七进八　炮5平2
25. 兵三进一　卒1进1
26. 马三进四　车8进9
27. 相五退三　马5进6
28. 车四退二　士4进5
29. 马四进六　卒5进1
30. 车四平七　士5退4
31. 后炮平五　车4平6
32. 帅四平五　炮2平6
33. 车七进二！（图208）

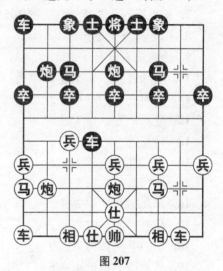

图 207

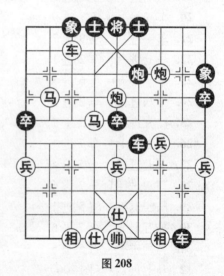

图 208

第105局 胡荣华胜赵汝权

1. 炮二平五　炮8平5
2. 马二进三　马8进7
3. 车一平二　车9进1
4. 马八进七　卒3进1
5. 车二进四　车9平4
6. 兵七进一　车4进5
7. 相七进九　车4平3 (图209)
8. 车九平七　炮2平3
9. 马七退五　车3退3
10. 马五退七　象3进1
11. 马七进六　马2进4
12. 兵七进一　象1进3
13. 车二平六　马4进2
14. 炮八进四!　卒7进1
15. 车六进一　车1平3
16. 马六进八!　象7进9
17. 炮八平七!　车3平2
18. 车六进二　炮3退1
19. 炮五平八!　马7进6
20. 车六平八　车2进2
21. 炮八进五　炮5平7
22. 相三进五　炮7进4
23. 炮八进二　将5进1
24. 兵五进一　将5平6
25. 炮八退四!　马6退7
26. 仕四进五　炮7平1
27. 炮八进三　炮3进1
28. 炮七平六　将6平5
29. 马八进七　卒1进1
30. 炮六退三　炮1平3
31. 兵五进一　卒5进1
32. 炮八退三　卒7进1
33. 炮八平五　将5平4
34. 马七退五! (图210)

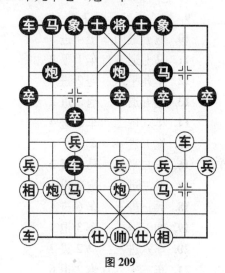

图209

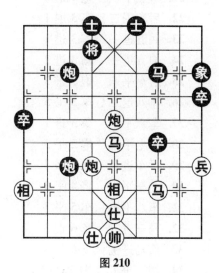

图210

第106局 熊学元胜阎文清

1. 炮二平五　炮8平5
2. 马二进三　马8进7
3. 车一平二　车9进1
4. 马八进七　车9平4
5. 车二进四　马2进1
6. 兵七进一　车4进5
7. 炮八进四　车4平3（图211）
8. 车九进二　卒1进1
9. 炮八平五　马7进5
10. 炮五进四　士4进5
11. 马七退五！车1平2
12. 车九平六　炮2进1
13. 炮五退一　炮2进2
14. 车二进二　车2进4
15. 炮五进一　车2平6
16. 车二平三　马1进2
17. 兵三进一　炮2进1
18. 兵三进一　车6进4
19. 炮五退一　车3退1
20. 车六进三　马2进3
21. 车三平六！炮2退6
22. 后车退二！车3退1？
23. 兵五进一　车3进1
24. 炮五进一　马3进2
25. 后车平八　炮2进5
26. 车八退二！车3平5
27. 车六平七　象3进1
28. 车七平八　炮2平3
29. 后车进三　将5平4
30. 前车平六　将4平5
31. 车八平七！车5平3
32. 马三进五　车6退3
33. 前马进七　车6平3
34. 相三进五（图212）

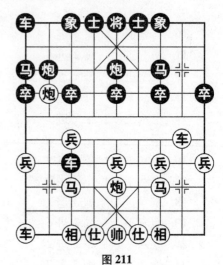

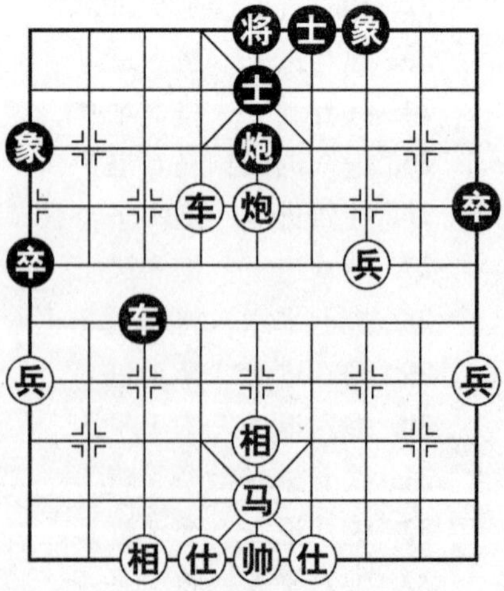

图211

图212

第107局 于红木胜梁文斌

1. 炮二平五　炮8平5
2. 马二进三　车9进1
3. 车一平二　马8进7
4. 马八进七　车9平4
5. 车二进四　马2进3
6. 炮八进二　炮2进2（图213）
7. 炮八平三　炮2平7
8. 炮三进二　象7进9
9. 兵七进一　车1平2
10. 仕四进五　车4平6
11. 兵三进一　炮7进3
12. 炮三退四　马7进6
13. 车二退一！马6进5
14. 马七进五　车2进6
15. 车九进二　车2平5
16. 车二进四　车6进4
17. 相三进一　卒3进1？
18. 兵七进一　车6平3
19. 车九平七　车3进2
20. 炮三平七　车5平3
21. 炮五进五　象9退7
22. 炮五平四　车3进1
23. 车二退二　车3进2
24. 炮四退一　车3退3
25. 兵九进一　马3退5
26. 炮四平三！　车3平6
27. 车二进一　车6平9
28. 炮三进二　车9平6
29. 兵三进一　车6退3
30. 兵三进一　车6平3
31. 车二退一　车6退5
32. 炮三平二　车6平7
33. 车二进一　卒9进1
34. 炮二进一　卒5进1
35. 兵三平四　马5进7
36. 兵四进一　马7进6

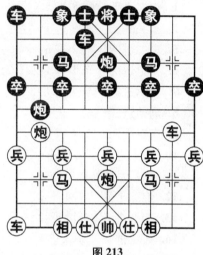

图213

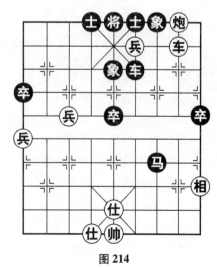

图214

37. 车二平四　马6进7　　38. 兵四进一！车7进1

39. 车四平五　象3进5　　40. 车五平二　车7平6

41. 车二进二！（图214）

第108局　陈孝坤胜万福初

1. 炮二平五　炮8平5　　2. 马二进三　马8进7

3. 车一平二　车9进1　　4. 马八进七　车9平4

5. 车二进四　马2进3

6. 兵七进一　车1进1（图215）

7. 仕六进五　卒7进1

8. 炮八进二　马7进6

9. 车二平四　车4进3

10. 马七进六　马6进4

11. 炮八平六　炮2进5

12. 炮五平六　车4平2

13. 相七进五　车1平2

14. 兵三进一　卒3进1

15. 兵七进一　前车平3

16. 兵三进一　车3平7

17. 车九平七　车2进1

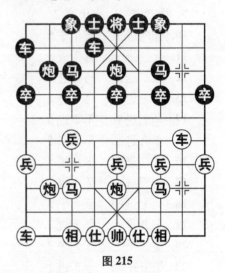

图215

18. 车七进六　炮2平2　　19. 前炮平七　炮2平1

20. 炮七平八　炮5退1　　21. 车四平七　炮5平2

22. 炮八进四　车2退1　　23. 前车进一！车2进8

24. 仕五退六　车2退2　　25. 仕六进五　车7平4

26. 后车退二！车2退2　　27. 后车平九　车2进1

28. 仕五退六　象3进5　　29. 车七退三　车4平2

30. 马三退五　后车进4　　31. 马五进七　后车平3

32. 仕四进五！士4进5　　33. 兵一进一　卒5进1

34. 兵九进一　象5进3　　35. 炮六进二　象3退5

36. 炮六平三　将5平4　　37. 车七平六　将4平5

38. 车六退二　车2退2　　39. 车九退二　车2平3

40. 车六平七　车3退1　　41. 兵九进一！（图216）

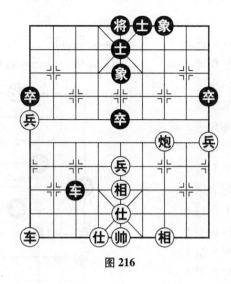

图 216

第 109 局　黄少龙胜陈洪钧

1. 炮二平五　炮 8 平 5
2. 马二进三　马 8 进 7
3. 车一平二　车 9 进 1
4. 仕四进五　车 9 平 4
5. 车二进六　马 2 进 3
6. 车二平三　炮 5 退 1
7. 马八进九　车 4 进 3（图 217）
8. 兵三进一　炮 5 平 7
9. 车三平四　车 4 平 6
10. 车四退一　马 7 进 6
11. 马三进四　卒 3 进 1
12. 车九进一　象 3 进 5
13. 炮五平四　炮 7 平 6
14. 炮四进三　炮 6 进 4
15. 炮四进二　车 1 平 3
16. 炮八平五　炮 2 进 4
17. 车九平八！炮 2 平 5
18. 车八进三　炮 6 进 1
19. 车八平五　炮 5 平 9
20. 炮四平七　车 3 进 2

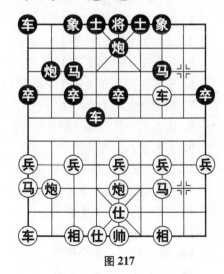

图 217

21. 车五进二　炮 9 进 3
22. 相三进一　士 6 进 5
23. 炮五进一！炮 6 退 6

24. 车五平三　卒 3 进 1

25. 车三进三　卒 3 平 4

26. 车三退二　炮 6 进 5

27. 炮五进三！将 5 平 6

28. 车三退一　炮 6 进 4

29. 相一退三　炮 6 退 7

30. 相三进五　卒 9 进 1

31. 车三平二　车 3 进 2

32. 车二进三　将 6 进 1

33. 炮五平四　炮 6 平 7

34. 炮四退五　卒 1 进 1

35. 车二退二！炮 7 进 1

36. 仕五进四　士 5 进 6

37. 车二平四　将 6 平 5

38. 炮四平五　车 3 退 1

39. 车四平五　将 5 平 6

40. 兵三进一！炮 7 平 8

41. 炮五平四　炮 8 平 6

42. 仕四退五！（图 218）

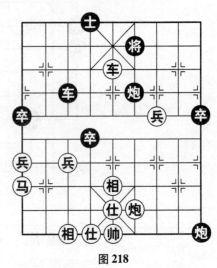

图 218

第 110 局　胡荣华胜王跃飞

1. 炮二平五　炮 8 平 5

2. 马二进三　车 9 进 1

3. 马八进七　车 9 平 4

4. 车一平二　马 8 进 7

5. 兵七进一　马 2 进 3

6. 车二进四　车 4 进 5（图 219）

7. 相七进九　炮 2 平 1

8. 炮八退一！车 4 进 2

9. 车九平八　车 4 平 3

10. 马三退五　车 1 进 1

11. 炮八进二　车 3 平 4

12. 炮八平七　卒 5 进 1

13. 炮七进三　马 3 进 5

14. 炮七平三　象 7 进 9

15. 马五进三　车 1 平 6

16. 仕六进五　卒 5 进 1

17. 车八进六　炮 1 平 3

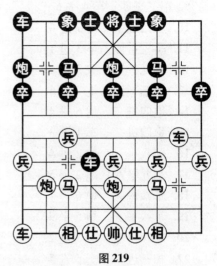

图 219

18. 车八平七　　车4平3　　　　19. 马七进八　　车6平2

20. 车七平八!　车2平4　　　　21. 马八进七　　炮5退1

22. 炮五进二　　炮5进4　　　　23. 兵五进一　　马5进7

24. 马七退五　　炮3平5　　　　25. 车八平六!　车4平6

26. 相三进五　　士6进5　　　　27. 炮三平九　　前马进6

28. 相九退七　　车3退2　　　　29. 帅五平六　　马6退5

30. 兵五进一　　车3平7

31. 车二平三　　车7退1

32. 相五进三　　马7进8

33. 车六平二　　马8进6

34. 马三进四　　车6进4

35. 相三退五　　车6进1

36. 兵九进一　　车6平9

37. 兵七进一　　卒9进1

38. 兵九进一　　卒9进1

39. 炮九平五　　将5平6

40. 车二进三　　将6进1

41. 炮五平八!　车9平4

42. 帅六平五　　卒9进1

43. 车二退二!（图220）

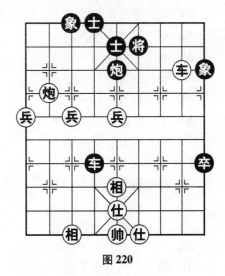

图 220

第 111 局　　吴贵临负陈振国

1. 炮二平五　　炮8平5　　　　2. 马二进三　　马8进7

3. 车一平二　　车9进1　　　　4. 车二进四　　车9平4

5. 马八进九　　车4进7（图221）　6. 仕四进五　　车4平2

7. 炮八进二　　卒1进1　　　　8. 炮八平三　　卒7进1

9. 炮三进三　　炮2平7　　　　10. 炮五进四　　士4进5

11. 相三进五　　马2进3　　　　12. 炮五平三　　象7进9

13. 兵七进一　　车2平4　　　　14. 马九进七　　车4退2

15. 马七退九　　车1平2　　　　16. 炮三平二　　马3进5!

17. 车九平八?　车2进9　　　　18. 马九退八　　车4退2

19. 炮二进三　　象9退7　　　　20. 炮二平一　　卒7进1!

21. 车二进五　　炮7进4　　　　22. 相五进三　　将5平4

23. 马八进七　车4平7！
24. 相三退五　马5进6
25. 马三退二　马6进4
26. 仕五进六　马4进2！
27. 仕六退五　马2进1
28. 马七退八　炮7平1
29. 炮一平三　将4进1
30. 车二退二　炮5进2
31. 炮三平一　马1退2
32. 马八进九　马2进4
33. 车二退五　马4退5
34. 车二平四　车7进4！
35. 马九进七　马5退7！
36. 车四退二　车7进1！
37. 马七进五　炮1平5！
38. 马五退三　车7退3
39. 马二进四　车7平8
40. 车四平三　马7进6
41. 帅五平四　车8进2
42. 车三进三　后炮平6
43. 车三平四　车8平7！（图222）

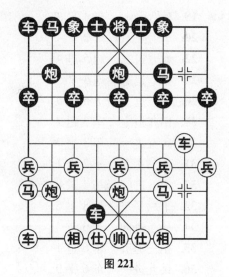

图 221

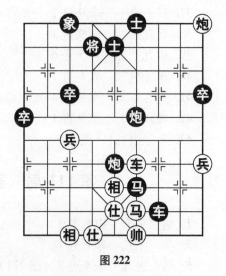

图 222

第 112 局　马宽胜王嘉良

1. 炮二平五　炮8平5
2. 马二进三　马8进7
3. 车一平二　车9进1
4. 马八进九　车9平4
5. 仕四进五　车4进7
6. 车二进六　卒1进1
7. 车二平三　马2进1（图223）
8. 炮八进二　车4退3
9. 车三退二！车4退1
10. 车三进二　车4进1

11. 车三退二　车4退1
12. 车三进二　炮5平4
13. 炮八平三　象3进5
14. 炮三进三　炮4平7
15. 炮五进四　士4进5
16. 炮五退二　车1平4
17. 兵三进一　马1进2
18. 马三进二　前车进2
19. 相七进五　前车平5
20. 车三平五!　车5平8
21. 马二进三　马2进4
22. 车五退一　车4进3
23. 兵三进一　车4平6

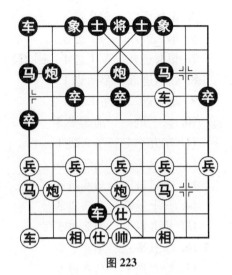

图 223

24. 车五平九!　炮2平4
25. 马九退七　车6进2
26. 前车平五　车8进3
27. 车九平八!　车6进3
28. 仕五退四!　车8平7
29. 仕六进五　将5平4
30. 车八进九　将4进1
31. 车五平九!　炮4平1
32. 车九平六　炮1平4
33. 车六退一　车7退5
34. 车六平九　炮4平1
35. 炮五平六　炮7平8
36. 帅五平六　车6退3
37. 马三进四!　炮8进7
38. 帅六进一　车7平5
39. 炮六退二　车6平1
40. 兵九进一　炮8退1
41. 帅六退一　炮8平3
42. 车八退二　炮3平1
43. 炮六退一!（图224）

第 113 局　赵汝权胜柳大华

1. 炮二平五　炮8平5

2. 马二进三　马8进7

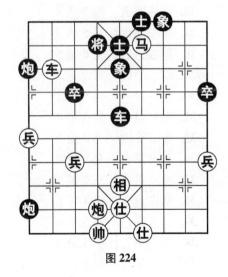

图 224

3. 车一平二　车9进1

5. 车二进四　马2进3

7. 相七进九　车1进1（图225）

8. 仕六进五　卒7进1

9. 炮八进二　车1平4

10. 兵三进一　前车平3

11. 车九平七　卒7进1

12. 炮八平三　马7进6

13. 车二进五！马6进4

14. 马七退八　车3进3

15. 相九退七　炮2进5

16. 炮五平六　车4平2

17. 炮六退二　马4进6

18. 炮六进三！马6退5

19. 炮三平五　车2平4

20. 炮六退三　车4进7

22. 相三进五　炮2进2

24. 车三退四！马5进3

26. 炮二进五　士6进5

28. 炮二平四　将5进1

30. 车三进一　将5进1

32. 车三退五　炮5平4

33. 车三平六　马3退1

34. 炮七平九　马1退3

35. 马三进四　马2进1

36. 马四进五　将4平5

37. 马五进三　将5平4

38. 车六平五！士4进5

39. 帅五平六　炮4进1

40. 车五进二　炮4进5

41. 车五平七　马3进1

42. 车七平六　士5进4

43. 帅六进一！（图226）

4. 马八进七　车9平4

6. 兵七进一　车4进5

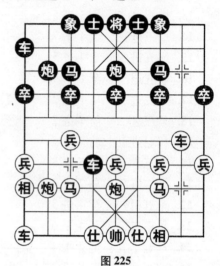

图225

21. 车二平三！车4平2

23. 炮六平八　车2进1

25. 炮五平二！前马进2

27. 车三进四　士5退6

29. 车三退一　将5退1

31. 炮四平七！将5平4

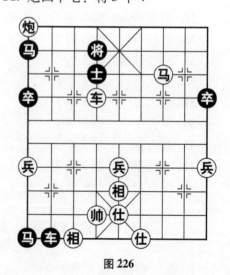

图226

第 114 局　聂铁文负徐超

1. 炮二平五　炮 8 平 5
2. 马二进三　马 8 进 7
3. 车一平二　车 9 进 1
4. 马八进七　车 9 平 4
5. 兵七进一　马 2 进 1
6. 车二进四　车 4 进 5（图 227）

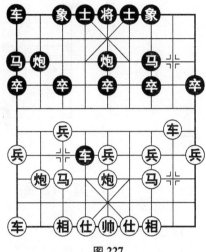

图 227

7. 相七进九　炮 2 平 4
8. 马七进六　车 1 平 2
9. 炮八平七　车 2 进 4
10. 马六进五　马 7 进 5
11. 炮五进四　士 4 进 5
12. 仕六进五　将 5 平 4!
13. 炮七平五　卒 1 进 1
14. 前炮平一　炮 5 进 5
15. 相三进五　炮 4 平 5
16. 相九退七　车 4 进 2!
17. 车九进二　车 2 进 5!
18. 车九平六　车 4 退 1
19. 仕五进六　车 2 平 3!
20. 帅五进一　车 3 退 1
21. 帅五退一　车 3 平 7
22. 马三退一　车 7 退 2
23. 车二退一　车 7 退 1
24. 帅五平六　车 7 平 4
25. 仕四进五　马 1 进 2
26. 炮一平七　马 2 进 1
27. 炮七平五　车 4 退 2
28. 炮五退一　车 4 进 1
29. 炮五退一　车 4 平 2!
30. 帅六平五　马 1 进 3
31. 帅五平四　炮 5 平 2
32. 马一进三　象 3 进 5
33. 帅四进一　车 2 平 7
34. 炮五平三　马 3 退 4
35. 兵五进一　马 4 进 5
36. 马三进五　车 7 平 6
37. 仕五进四　马 5 进 4
38. 帅四平五　车 6 进 3
39. 马五退六　车 6 进 1!
40. 帅五退一　车 6 平 4
41. 车二平八　车 4 退 1!
42. 车八进四　车 4 平 5
43. 帅五平四　车 5 平 7（图 228）

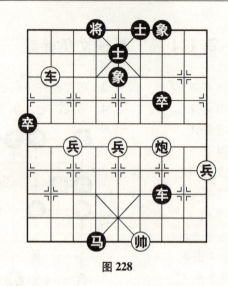

图 228

第115局　李义庭负王嘉良

1. 炮二平五　炮8平5	2. 马二进三　车9进1
3. 车一平二　马8进7	4. 仕四进五　车9平6

5. 车二进六　马2进3（图229）

6. 兵七进一　车6进3

7. 炮八平七　卒3进1

8. 车二平三　马3进2

9. 车三退二　士4进5

10. 炮五平四　马7进8

11. 相七进五　卒3进1

12. 车三平七　炮5平7

13. 马三退二　象3进5

14. 炮七平八?　炮2进5

15. 炮四平八　车1平3!

16. 车七进五　象5退3

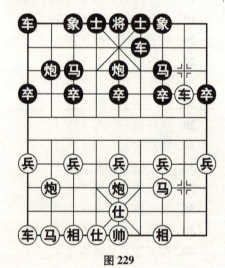

图 229

17. 马八进九　马8进7

18. 马二进一　马7进6!

	19. 炮八退一　车6平7!
20. 炮八平四　车7进5	21. 炮四退一　车7退2
22. 马一退二　车7平5	23. 炮四进二　炮7平3

24. 帅五平四	车 5 退 1	25. 车九平八	车 5 平 9！
26. 帅四平五	马 2 进 4	27. 车八平七	炮 3 进 5！
28. 仕五退四	象 3 进 5	29. 炮四平六	车 9 平 1
30. 仕六进五	卒 1 进 1	31. 马二进四	卒 1 进 1
32. 马九退八	炮 3 退 3		
33. 车七进四	马 4 进 6		
34. 马八进七	炮 3 平 5		
35. 仕五进四	车 1 平 4！		
36. 车七平九	马 6 进 4		
37. 马四进六	车 4 进 1		
38. 马七进六	车 4 平 6		
39. 马六进五	车 6 平 5		
40. 帅五平六	车 5 平 4		
41. 帅六平五	车 4 退 4		
42. 马五进三	车 4 平 7		
43. 车九进五	士 5 退 4		
44. 车九退四	炮 5 平 7！（图 230）		

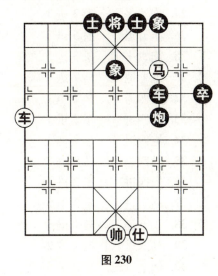

图 230

第 116 局　聂铁文胜蒋川

1. 炮二平五	炮 8 平 5	2. 马二进三	马 8 进 7

3. 车一平二	车 9 进 1
4. 马八进七	车 9 平 4
5. 车二进四	马 2 进 3
6. 仕六进五	车 4 进 7（图 231）
7. 相七进九	炮 2 平 1
8. 车二平八	卒 7 进 1
9. 车九平六	车 4 平 3
10. 车六平七	车 3 平 2
11. 兵七进一	炮 1 进 4
12. 车八退一	炮 1 退 1
13. 车八进三	车 1 平 2
14. 车八进三	马 3 退 2
15. 车七平六	士 6 进 5

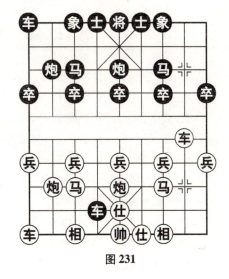

图 231

16. 车六进五！ 炮5平3
17. 车六平三　象7进5
18. 车三平八　马2进1
19. 炮五平四　车2平4
20. 相三进五　卒5进1
21. 兵三进一　马7进8
22. 炮八进一　车4平2
23. 车八平五　马8退7
24. 炮八平六　卒3进1
25. 兵七进一　炮1退1
26. 车五退一　象5进3
27. 马七进八　炮3平4
28. 炮六平七　象3进5
29. 马三进四　车2退2
30. 炮七退三　马7进8
31. 炮四进一　车2进1
32. 炮四退一　车2退1
33. 炮四进一　车2进1
34. 炮四退一　车2退1
35. 马四进三　马8进7
36. 炮四进一　车2进1
37. 马三进五！象3退5
38. 车五进三　马1退3
39. 马八进六！炮1进2
40. 炮七进三　车2平5
41. 马六进八！炮4退1
42. 马八进七！车5平3
43. 马七退六　炮4进1
44. 车五退二！（图232）

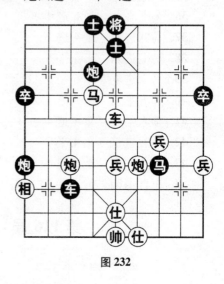

图232

第117局　黎德志负姚宏新

1. 炮二平五　炮8平5
2. 马二进三　马8进7
3. 车一平二　车9进1
4. 马八进七　车9平4
5. 兵七进一　卒7进1
6. 车二进四　车4进5
7. 车九进二　炮2平3（图233）
8. 车二平六　车4平3
9. 炮八退一　车3退1
10. 车九平八！车3进2
11. 车八进六　士6进5
12. 炮八进八　车3退2
13. 车六进一　炮5平4
14. 相七进九　车3平6
15. 仕六进五　象7进5
16. 车六进一　卒7进1！
17. 兵三进一　车6平7
18. 车六平七　炮3平1
19. 马三退一　炮1进4
20. 炮五平七　炮4进6！

21. 仕五进四　车7进3
22. 马一进三　车7进1
23. 车七退三　炮1退2
24. 兵五进一　炮4退1！
25. 仕四退五　炮4平1
26. 马三退一　车7退4
27. 兵五进一　前炮退2
28. 兵五平六　前炮平5
29. 帅五平六　车7退1
30. 车七平六　炮5平8
31. 马一进二　车7进1
32. 兵六平五　炮8退4
33. 车八退一　车1进2
34. 车八退五　车1平3
35. 兵五平六　马7进6
36. 帅六平五　车3进3
37. 炮八退四　车7进1！
38. 车六平三　马6进7
39. 仕五进六　炮1平4
40. 炮八进四　炮4平5
41. 帅五平六　炮8进4
42. 马二退三　炮8平4
43. 仕六退五　炮4退3
44. 仕五进四　马7进5
45. 仕四退五　马5进3！（图234）

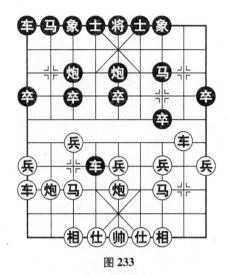

图 233

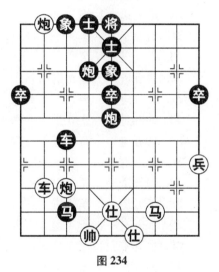

图 234

第118局　宋国强胜邱东

1. 炮二平五　炮8平5
2. 马二进三　马8进7
3. 车一平二　车9进1
4. 马八进七　卒3进1
5. 车二进四　车9平3（图235）
6. 炮八平九　炮2平3？
7. 车九平八　炮3进4
8. 车二平三　马2进3
9. 车三进二　马7退9
10. 兵三进一　车3平6

11. 兵三进一　车1进1
12. 仕六进五　车1平2
13. 车八进八　车6平2
14. 马七退六　车2进8
15. 马三进二　车2平3
16. 马二进四　车3退1
17. 炮五进四　马3进5
18. 车三平五　车3平4
19. 炮九平七　士4进5
20. 车五平六!　车4平3
21. 兵三进一　卒3进1
22. 车六平八!　车3平4
23. 马六进八　炮3平9
24. 炮七进七!　炮9进3

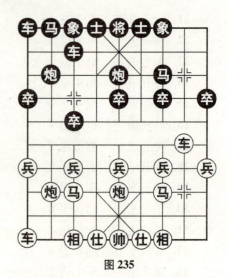

图 235

25. 马四进五　象7进5
27. 车八进三　士5退4
29. 车八退五　象5退3
31. 车八平六!　车3平2
33. 车六平五　将5平4

26. 炮七平九　车4平3
28. 兵九进一　卒3平4
30. 兵五进一　炮9退1
32. 车六进五　将5进1
34. 兵五进一　士6进5
35. 兵五进一　车2进1
36. 仕五退六　车2平4
37. 帅五进一　车4退1
38. 帅五退一　车4进1
39. 帅五进一　车4退5
40. 兵五平六!　车4平5
41. 帅五平六!　车5平4
42. 帅六平五　车4平5
43. 帅五平六　车5平4
44. 帅六平五　车4平5
45. 帅五平六　车5平4
46. 帅六平五　车4平5
47. 帅五平六 (图236)

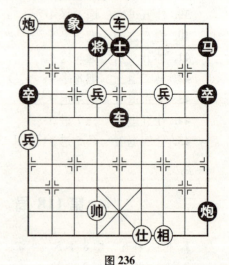

图 236

第119局 李艾东胜程进超

1. 炮二平五　炮8平5

2. 马二进三　马8进7

3. 车一平二　车9进1

4. 马八进七　车9平4

5. 车二进四　车4进5（图237）

6. 相七进九　马2进1

7. 兵七进一　士4进5

8. 车二平六　车4平3

9. 车九平七　炮2平4

10. 炮八退一　卒1进1

11. 炮八平三　马1进2

12. 车六进一　马2进1

13. 马七进九　车3平1

14. 车七进二　前车平2

15. 兵三进一　卒1进1

16. 兵三进一　卒7进1

17. 车六平三　象7进9

18. 车三平六　车1进3

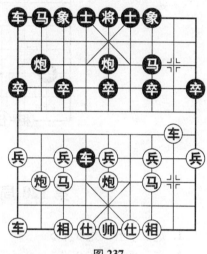

图237

19. 仕四进五　车1平2

20. 炮三进六　炮4平7

21. 炮五进四　卒3进1

22. 炮五退一　炮7进2

23. 炮五退一　炮7进2

24. 兵七进一　后车平5

25. 兵七进一　炮5进3

26. 兵七平六！车5平7

27. 车七进七　士5退4

28. 兵六进一　车2平4

29. 兵六进一！士6进5

30. 兵六进一　士5退4

31. 车七平六　将5进1

32. 后车平五　将5平6

33. 车六平二！车4退3

34. 车五退一　车4平5

35. 车五平二　象9退7

36. 相三进五　卒1进1

37. 相九退七　卒1平2

38. 后车平四　车5平6

39. 车四平八　车6平2

40. 车八进二　车7平2

41. 车二平三　炮7平6

42. 兵五进一　车2平5

43. 马三进二　炮6退4

44. 兵五进一　车5平6

45. 车三退六　卒2进1

46. 兵五平四　炮6进2

47. 车三平四！（图238）

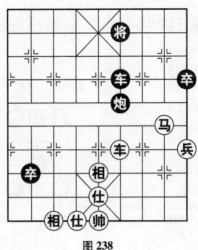

图 238

第 120 局　陈翀胜洪智

1. 炮二平五　炮 8 平 5	2. 马二进三　马 8 进 7
3. 车一平二　车 9 进 1	4. 马八进七　车 9 平 4
5. 车二进四　马 2 进 3	
6. 仕六进五　车 1 进 1（图 239）	
7. 相七进九　卒 7 进 1	
8. 兵七进一　炮 5 退 1	
9. 炮八进二　炮 2 平 1	
10. 兵三进一　炮 5 平 7	
11. 兵三进一　车 1 平 2	
12. 马三进四　炮 7 进 3	
13. 车九平六　车 4 进 8	
14. 仕五退六　车 2 进 3	
15. 炮五退一　象 3 进 5	
16. 炮五平八　车 2 平 5	
17. 后炮平五　车 5 平 2	
18. 车二退二　炮 7 平 5	19. 相三进五　卒 3 进 1
20. 炮五平八　车 2 平 1	21. 马七进六　车 1 进 2
22. 马六进七　车 1 平 5	23. 后炮平五!　炮 1 进 5

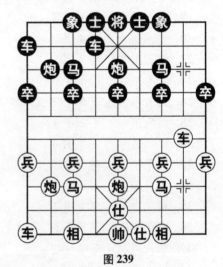

图 239

24. 炮五进二　炮1平8　　　25. 兵七进一　士4进5

26. 兵七平六　炮5进1　　　27. 炮八平七　马3退1

28. 马七进九　炮8退6　　　29. 仕四进五　象5退3

30. 马九退七　炮8进2　　　31. 马四进三　卒5进1

32. 炮五进二　象7进5　　　33. 马七进八　马1进2

34. 炮七进三！马7进5　　　35. 炮七退一　炮5平2

36. 马八退九　炮2进4

37. 相五退七　炮8退1

38. 马三退四　马5进7

39. 炮七平三　炮8平7

40. 马四进二　炮7退2

41. 马二进一　马7进6

42. 炮五进一　马2退3

43. 马一进三　将5平4

44. 炮三平二　炮7平8

45. 炮五退三　炮8进2

46. 炮五平六　士5进4

47. 兵六进一　马6退5

48. 兵六进一！马5进4

49. 炮二平六！（图240）

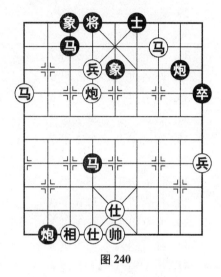

图 240

第 121 局　梁文斌负胡荣华

1. 炮二平五　炮8平5　　　2. 马二进三　马8进7

3. 马八进九　马2进3　　　4. 车一平二　车9进1

5. 仕四进五　车9平6（图241）　6. 炮八平七　炮2进2！

7. 车九平八　炮2平3　　　8. 炮七进三　卒3进1

9. 车八进四　车1进1　　　10. 兵三进一　车6进5

11. 炮五平六　车1平4　　　12. 马九退七　卒5进1

13. 相三进五　炮5进4！　　14. 马三进五　车6平5

15. 车八进二　卒5进1　　　16. 车八平三　马7进5

17. 车三进三　士4进5　　　18. 车三平二　车5平3

19. 马七进九　车3平9　　　20. 炮六平七　车4进5

21. 前车退二　马3进4　　　22. 炮七进七　马4进6

23. 相五退三	卒 3 进 1
24. 马九退七	车 4 退 4
25. 前车退四	车 9 平 8
26. 车二进三	车 4 平 3
27. 炮七平九	卒 3 进 4
28. 马七进五	车 3 平 1
29. 炮九平八	车 1 平 7
30. 车二平七	车 7 平 3!
31. 车七平一	车 3 进 7
32. 车一进三	车 3 平 2
33. 马五进四	马 5 进 6
34. 炮八平七	车 2 退 3
35. 车一平九	车 2 平 7
36. 相三进一	马 6 进 5!
37. 仕五进四	车 7 平 6
38. 仕六进五	车 6 平 3
39. 车九进三	车 3 进 3
40. 仕五退六	马 5 进 4
41. 炮七退八	士 5 退 4
42. 炮七平六	士 6 进 5
43. 仕四退五	车 3 退 1!
44. 炮六进八	马 4 退 3
45. 炮六退四	士 5 退 4
46. 仕五退六	车 3 平 8
47. 帅五平四	车 8 进 1
48. 帅四进一	马 3 退 5
49. 帅四平五	马 5 进 7!（图 242）

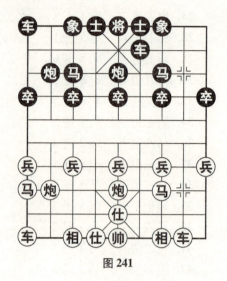

图 241

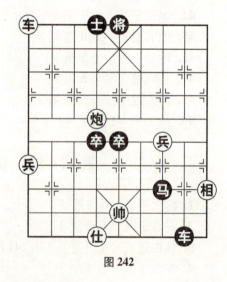

图 242

第 122 局　黄少龙胜陆玉江

1. 炮二平五	炮 8 平 5	**2.** 马二进三	马 8 进 7
3. 车一平二	车 9 进 1	**4.** 马八进七	卒 7 进 1
5. 车二进四	车 9 平 4（图 243）	**6.** 兵三进一	卒 7 进 1
7. 车二平三	马 2 进 3	**8.** 兵七进一	马 7 进 6

9. 车九进一　车1进1

10. 车九平四　车4平6

11. 仕四进五　炮2进4

12. 车四进三　炮2平3

13. 相七进九　马6退8

14. 车三进五！马8退9

15. 车三退五　车6平7

16. 炮八进四　马9进8

17. 炮八平五　马3进5

18. 炮五进四　炮5平2

19. 车三平二！车7进6

20. 相三进五　车1平8

21. 车二进一　炮2进5

22. 相九退七　马8退6

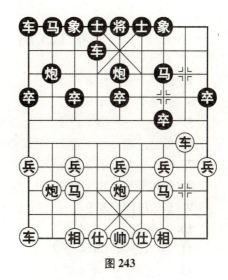

图 243

23. 车四进三！车8进3

24. 车四平五　士6进5

25. 车五平二　将5平6

26. 车二退二　车7进2

27. 仕五退四　车7平6

28. 帅五进一　炮2进1

29. 兵五进一　卒3进1

30. 兵七进一　车6退1

31. 帅五退一　车6平4

32. 车二平四　士5进6

33. 车四进二　将6平5

34. 马七进五！炮2进1

35. 车四平八　车4进1

36. 帅五进一　车4平5

37. 帅五平四　车5平6

38. 帅四平五　炮2平1

39. 车八退七　炮1退1

40. 车八进三！炮3平9

41. 马五退三！车6退6

42. 马三进一　车6平5

43. 车八平五　车5平2

44. 相七进九　卒9进1

45. 兵五进一　卒9进1

46. 马一进三　象3进5

47. 兵五平四　卒9平8

48. 车五进四　将5平6

49. 马三进四　车2平4

50. 相五进七！（图244）

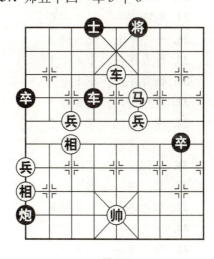

图 244

第 123 局　吕钦胜苗利明

1. 炮二平五　炮 8 平 5　　2. 马二进三　马 8 进 7

3. 车一平二　车 9 进 1　　4. 马八进七　马 2 进 3

5. 兵七进一　卒 7 进 1

6. 车二进四　车 1 进 1（图 245）

7. 炮八平九　炮 2 平 1

8. 车九平八　车 1 平 2

9. 车八进四　车 9 平 4

10. 仕四进五　士 4 进 5

11. 车八进四　车 4 平 2

12. 兵三进一　车 2 进 3

13. 炮五平四　炮 5 平 4

14. 相三进五　象 3 进 5

15. 炮九退一　炮 1 退 2

16. 马三进四　炮 1 平 3

17. 仕五退四　卒 3 进 1

18. 兵七进一　卒 7 进 1

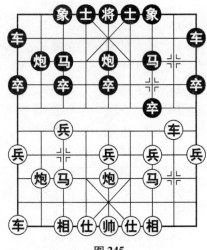

图 245

19. 车二平三　车 2 进 4

20. 马四退六　车 2 平 4　　21. 马六进八　炮 3 进 4

22. 仕六进五　炮 3 平 5　　23. 炮九进一　炮 5 平 8

24. 炮四平三　马 7 进 6　　25. 车三平四　马 6 退 7

26. 车四平七　马 3 进 2　　27. 炮九进四！车 4 退 5

28. 炮九进三　车 4 平 1　　29. 车七进五　炮 4 退 2

30. 炮九平八！车 1 退 3　　31. 马八进六！马 7 进 6

32. 马六进四！炮 8 平 5　　33. 相五退三　士 5 进 6

34. 车七退四　车 1 平 2　　35. 车七平四　车 2 平 3

36. 仕五进四　马 2 进 3　　37. 车四平二　炮 8 平 9

38. 马四退三　炮 4 进 3　　39. 车二退五　炮 9 退 1

40. 车二进一　炮 9 进 1　　41. 车二平六　炮 4 平 3

42. 车六进一　炮 9 平 8　　43. 炮三平二　车 3 平 2

44. 车六进一　车 2 进 6　　45. 马七退五　炮 3 平 2

46. 兵五进一　马 3 退 2　　47. 兵九进一　车 2 平 1

48. 车六平九　马 2 进 1　　49. 相七进九　炮 2 进 6

50. 炮二退一！ 炮 2 平 6　　　　**51.** 马五进三　马 1 进 3

52. 后马退四！（图 246）

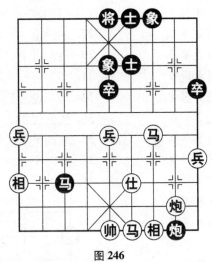

图 246

第 124 局　王贵福胜赵庆阁

1. 炮二平五　炮 8 平 5　　　　**2.** 马二进三　马 8 进 7

3. 车一平二　车 9 进 1　　　　**4.** 仕四进五　马 2 进 3

5. 马八进九　卒 7 进 1　　　　**6.** 车二进四　车 9 平 4（图 247）

7. 车二平七　车 4 进 2

8. 兵三进一　卒 7 进 1

9. 车七平三　马 7 进 6

10. 炮八平六　车 1 平 2

11. 兵九进一　炮 2 进 4

12. 车九平八　车 4 进 2

13. 车三进五！炮 5 平 7

14. 相三进一　士 4 进 5

15. 车三平二　车 4 平 1

16. 马九退七　炮 2 退 2

17. 车八平九　车 1 进 4

18. 马七退九　炮 2 平 3

19. 相七进九　车 2 进 8

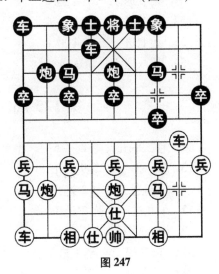

图 247

20. 马九进八　马6进7

21. 炮五平四　炮3平7

22. 车二退六　卒3进1

23. 马八进六！车2退2

24. 马三退四　卒3进1

25. 炮四进一　车2退2

26. 相九进七　车2平6

27. 炮四退一　车6进2

28. 马四进二　车6平5

29. 马六进七　马3进4

30. 马七进八　马4进6

31. 车二进一　前炮平2

32. 炮六平八　马6进4

33. 马二进三！车5平7

34. 马八进七　炮2平5

35. 仕五进六　车7平5

36. 帅五平四　炮5平2

37. 炮四平二　炮7平6

38. 仕六进五　车5平9

39. 帅四平五　车9进1

40. 车二平一！马4进6

41. 仕五进四　车9平8

42. 车一进二　车8进2

43. 帅五进一　炮6平5

44. 相七退五　炮2平5

45. 相五退三　前炮平4

46. 相三进五　车8平2

47. 车一平五！车2退2

48. 车五进一　炮4退3

49. 马七退八　车2平4

50. 兵七进一　炮4平1

51. 相五退三　　4退2

52. 兵七进一　炮1平4

53. 兵七进一　炮4平1

54. 马八退六！（图248）

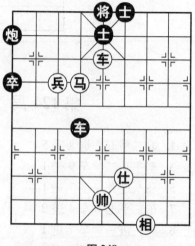

图 248

第 125 局　曹霖负于幼华

1. 炮二平五　炮8平5

2. 马二进三　马8进7

3. 车一平二　车9进1

4. 车二进四　车9平4

5. 仕四进五　马2进3

6. 马八进九　卒3进1（图249）

7. 车九进一　炮2退1

8. 车二平三　炮2平3

9. 炮八平七　车1平2

10. 车三进二　马7退5

11. 车三退二　卒1进1

12. 车九退一　车4进5

13. 兵九进一　卒1进1

14. 车三平九　马5进7

15. 前车平三　马7进6
16. 车三平四　车4退2
17. 马九进八　卒3进1!
18. 兵七进一　炮5平6
19. 兵七进一　车4平3
20. 车四平三　象3进5
21. 炮五平六　车3进1!
22. 车三平七　炮3进4
23. 马八退九　马3进4
24. 相七进五　炮3平1!
25. 车九平八　车2进9
26. 马九退八　炮6平7
27. 马八进九　炮1进1

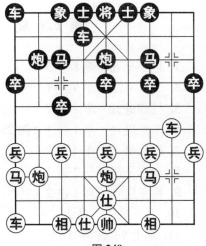

图 249

28. 兵三进一　炮7进5

29. 炮六平三　马6进5

30. 炮七平六　炮1平9
31. 炮三退一　马5退6
32. 炮三平一　炮9平5
33. 相三进一　马6进7
34. 马九退七　马4进6
35. 相一退三　马7进8!
36. 炮一进一　卒9进1
37. 炮一平二　卒9进1
38. 炮二进四　卒5进1
39. 炮二平四　象7进9
40. 马七进八　卒5进1
41. 马八进九　马6退5

42. 马九退七　卒5平4
43. 马七进六　士6进5
44. 炮四退五　卒9平8
45. 炮六平八　士5进4
46. 炮八进四　马5进6
47. 马六退四　卒4平5!
48. 炮四平三　象9进7
49. 兵三进一　象5进7
50. 马四进六　马6进8
51. 炮三平四　前马退7
52. 炮四进五　马7进5!
53. 帅五平四　炮5平6
54. 帅四进一　马5退7
55. 帅四进一　马7退6! (图250)

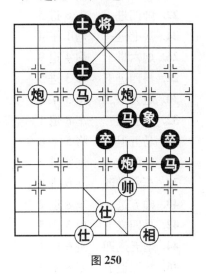

图 250

第126局 戴荣光负胡荣华

1. 炮二平五　炮8平5
2. 马二进三　马8进7
3. 车一平二　车9进1
4. 马八进九　车9平4
5. 仕四进五　车4进7
6. 车二进六　卒1进1（图251）
7. 炮八平七　车4平2
8. 车二平三　马2进1
9. 兵三进一　马1进2
10. 兵三进一　马2进4
11. 炮七平六　卒1进1
12. 兵九进一　车1进5
13. 车三平四　炮2进1
14. 车四进一　炮5平1!
15. 车四退三　卒3进1
16. 炮五平四　卒3进1!
17. 兵七进一　炮2平3!

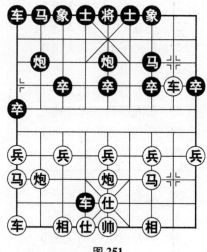

图 251

18. 车四平六　车1进2
19. 炮四平九　炮1进7
20. 相三进五　车2平4
21. 帅五平四　炮3进6
22. 帅四进一　士6进5
23. 兵三进一　马7退6
24. 兵七进一　炮1平4
25. 马三进四　车4平3!
26. 炮六进七　炮4退9
27. 相五退七　车3退4
28. 马四进五　车3进5
29. 炮九进三　马6进5
30. 炮九平二　车3平8
31. 炮二平五　马5进7
32. 炮五退一　车8退1
33. 帅四退一　马7进8
34. 马五退四　将5平6
35. 车六退二　车8进1
36. 帅四进一　炮4进2
37. 仕五进四　马8进6
38. 车六进四　马6进8
39. 帅四平五　马8进7
40. 帅五进一　车8退2
41. 车六平四　炮4平6
42. 马四进五　象3进5
43. 马五进七　车8退1!
44. 炮五进四　将6进1
45. 炮五平一　车8退2
46. 仕四退五　车8平3
47. 马七退五　车3进3
48. 仕五进六　车3退1
49. 车四退三　将6平5

50. 炮五平四　将5退1　　51. 兵五进一？车3退1

52. 车四进一　将5平6　　53. 车四进三　将6平5

54. 车四退三　车3进1！　55. 仕六退五　将5平4！（图252）

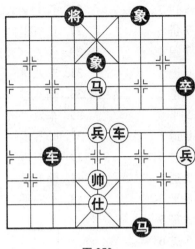

图252

第127局　何顺安胜陈新全

1. 炮二平五　炮8平5　　2. 马二进三　马8进7

3. 车一平二　车9进1　　4. 仕四进五　马2进3

5. 兵七进一　车9平6（图253）

6. 车二进四　炮2平1

7. 马八进七　车1平2

8. 车九平八　车2进6

9. 炮八平九　车2进3

10. 马七退八　炮1进4

11. 炮九平七　车6进3

12. 炮七进四　马3退5

13. 车二平六　炮1平7

14. 炮五平六　卒5进1

15. 车六进四！卒5进1

16. 炮七平六　车6平4

17. 后炮平七　炮5进4

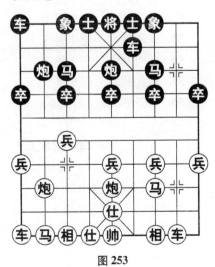

图253

18. 马三进五　马5进4　　　　19. 兵七进一！车4进2

20. 马五退四　马7进5　　　　21. 炮七进七　士4进5

22. 车六平八　车4平6　　　　23. 马四进三　车6平7

24. 兵七进一！马5进7　　　　25. 兵七平六　马7进8

26. 炮七退八　车7进3　　　　27. 仕五退四　马8进6

28. 炮七平四　车7退1　　　　29. 仕六进五！车7平6

30. 仕五进四　车6退1　　　　31. 车八进一　士5退4

32. 车八退五　车6退2　　　　33. 马八进九　士6进5

34. 马九进七　将5平6　　　　35. 车八平五　车6进4

36. 帅五进一　车6退1　　　　37. 帅五退一　车6退5

38. 车五进二　车6进6　　　　39. 帅五进一　车6平3

40. 马七进六　车3退1　　　　41. 帅五退一　车3退4

42. 车五平四　将6平5　　　　43. 车四平三！象7进5

44. 马六进四　车3平5

45. 帅五平六　士5进6

46. 车三平一　象5退7

47. 马四进六　将5平6

48. 车一平五　车5平4

49. 帅六平五　士4进5

50. 马六退四　车4平7

51. 兵六进一！卒1进1

52. 兵六进一　车7退1

53. 车五平八　象7进5

54. 马四退六　车7进2

55. 车八平四　将6平5

56. 车四平九！（图254）

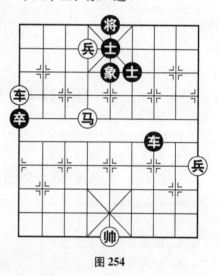

图254

第128局　胡荣华胜徐和良

1. 炮二平五　炮8平5　　　　2. 马二进三　马8进7

3. 车一平二　车9进1　　　　4. 仕四进五　车9平6

5. 车二进六　马2进3（图255）　6. 兵七进一　车6进4

7. 车二平三　炮5退1　　　　8. 车三退二　车6进3

9. 炮八平七　炮5平7　　　　10. 车三平二　象3进5

11. 兵七进一！ 象 5 进 3

12. 马八进九 马 7 进 6

13. 车二进四 炮 7 进 1

14. 车二平四 炮 7 平 6

15. 车四平七 士 4 进 5?

16. 车九平八！ 车 6 平 7

17. 车七退一 象 3 退 5

18. 车七平八 炮 6 平 2

19. 车八进七 车 7 进 1

20. 马三退四 马 6 进 4

21. 炮七平六 车 7 退 3

22. 车八退三 马 4 进 6

23. 炮五平四 马 6 退 7

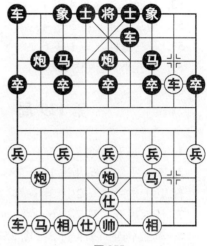

图 255

24. 马九进七 车 1 平 4

26. 马五进三 车 4 平 7

28. 马四进三 车 5 平 7

30. 马五进七 士 5 退 4

32. 车八平一 车 1 平 3

34. 马七退九 车 3 进 3

36. 兵一进一 车 5 进 1

38. 车一平六！ 车 5 平 4

40. 马七退九 车 3 进 3

41. 车二平五 车 9 平 2

42. 车五退二 车 3 平 2

43. 马九进七 后车进 1

44. 车五进一 后车退 1

45. 车五进一 前车平 3

46. 车五退三 车 3 平 1

47. 马七退五 车 2 平 4

48. 马四进三 卒 3 进 1

49. 马三进四 车 4 退 1

50. 马四进二 士 5 进 6

51. 马二退三！ 士 6 进 5

52. 马三进四 车 4 进 1

25. 马七进五 车 7 平 5

27. 炮四平五！ 车 4 退 3

29. 前马进五！ 车 4 平 5

31. 马三退四 车 7 平 1

33. 车一进二 士 4 进 5

35. 马九进七 车 3 退 5

37. 兵一进一 车 5 退 1

39. 车六平二 车 4 平 9

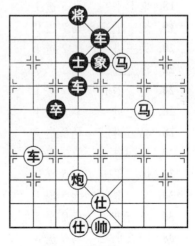

图 256

53. 马四进二　车4退1　　54. 炮五平六　士5进4

55. 马二进四　将5平4　　56. 马四进三！车1退6

57. 马三退四　车1平6　　58. 马五退三！车6平5

59. 车五平八！（图256）

第129局　柳大华胜陈罗平

1. 炮二平五　炮8平5　　2. 马二进三　马8进7

3. 车一平二　车9进1　　4. 马八进七　车9平4

5. 兵七进一　马2进3　　6. 车二进四　卒7进1

7. 仕六进五　马7进6

8. 车二平四　车4进3（图257）

9. 兵五进一　马6进4

10. 马七进五　马4进5

11. 相七进五　炮2平1

12. 兵五进一！车4平5

13. 炮八平七　车1平2

14. 炮七进四　车5进1

15. 车四进一　车5退1

16. 兵七进一！车5平6

17. 马五进四　马3退5

18. 炮七平一　马5进7

19. 炮一平三　马7进9

20. 兵三进一！车2进1

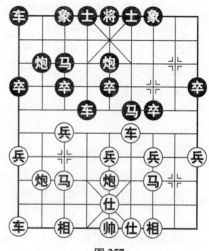

图257

21. 车九平七　卒1进1

22. 车七进三　车2平7　　23. 炮三平二　车7进2

24. 炮二退五　卒7进1　　25. 马四进六　炮1平4

26. 兵七进一　卒5进1　　27. 马三进五　车7平5

28. 马五进三　马9进7　　29. 车七平四　卒5进1

30. 车四进二　象7进9　　31. 仕五进四　卒5平4

32. 炮二平五　车5平9　　33. 车四平五　卒4进1

34. 马六退四！炮5退1　　35. 兵七平六　马7退6

36. 车五进一　车9平5　　37. 兵六平五　象9进7

38. 炮五平二　马6进8　　39. 马四进六　炮5平1

40. 炮二进四　炮1平5　　41. 马六退五！炮4平7

42. 马三退二　炮 1 平 9　　　43. 马五进三　卒 1 进 1

44. 马二进一　马 8 退 9　　　45. 马三进四　将 5 进 1

46. 马四退六　将 5 退 1　　　47. 马六进七　将 5 进 1

48. 炮二平八　炮 7 平 4

49. 炮八进三　炮 4 退 1

50. 兵五进一！将 5 进 1

51. 炮八平六　将 5 退 1

52. 炮六退四　马 9 进 7

53. 马七退六　将 5 平 6

54. 马一进三　炮 9 平 5

55. 仕四进五　炮 5 退 3

56. 炮六平一　士 6 进 5

57. 马六退五　炮 5 进 1

58. 炮一平九　象 3 进 5

59. 马三退四　炮 5 退 1

60. 马五进四！（图 258）

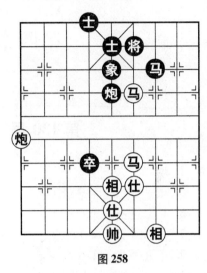

图 258

第四章 其 他

第130局 洪智胜林宏敏

1. 炮二平五　炮8平5
2. 马二进三　马8进7
3. 车一平二　车9进1
4. 马八进七　马2进3
5. 兵七进一　车1进1
6. 马七进六　车9平6（图259）
7. 马六进七！车1平4
8. 炮八平七　车4进2
9. 车九平八　车6进4
10. 相七进九　卒7进1
11. 车二进六　马7进6
12. 车二平四　车6进1
13. 炮七进一　车6进1
14. 仕六进五　车6平7
15. 车四退一　炮5平8
16. 车八平六　车4进6
17. 帅五平六　象7进5
18. 车四平八　炮2平1
19. 车八进三　炮1进4
20. 车八平六！炮1平5
21. 炮五进四！马3进5
22. 马七进五！（图260）

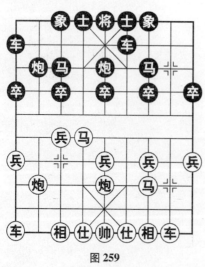

图259

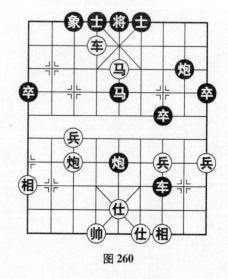

图260

148

第 131 局 吕钦胜于幼华

1. 炮二平五 炮 8 平 5
2. 马二进三 马 8 进 7
3. 车一平二 车 9 进 1
4. 炮八平六 车 9 平 4
5. 仕四进五 马 2 进 3
6. 马八进七 车 1 平 2
7. 车九平八 卒 7 进 1（图 261）
8. 车八进五 炮 2 平 1
9. 车八进四 马 3 退 2
10. 车二进四 马 2 进 3
11. 兵七进一 马 7 进 6
12. 兵三进一 车 4 平 7
13. 车二进一! 马 6 退 4
14. 兵三进一 马 4 进 3
15. 炮六进二 前马进 1
16. 马七进九 炮 1 进 4
17. 炮六平七 炮 1 退 2
18. 炮七平三 炮 5 平 7
19. 车二退一 卒 3 进 1
20. 炮五平七! 马 3 退 1
21. 兵三进一 炮 7 进 3
22. 车二平三!（图 262）

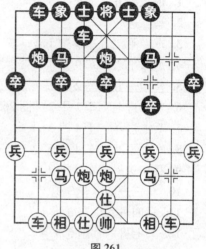

图 261

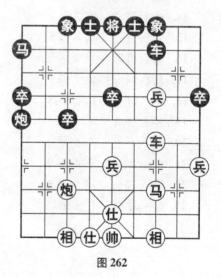

图 262

第 132 局　邓颂宏胜李家华

1. 炮二平五　炮8平5
2. 马二进三　马8进7
3. 车一平二　车9进1
4. 炮八平六　车9平4
5. 仕四进五　马2进1
6. 马八进七　车1平2（图263）
7. 兵七进一　士4进5
8. 车九平八　车4进5
9. 兵三进一　车4平3
10. 马三进四　车3退1
11. 马四进六　车3退1
12. 马七进六！炮5平4
13. 前马进七！车2平1
14. 马七进六　炮2退2
15. 后马进五　马7进5
16. 炮五进四！象3进5
17. 马六退五！象7进5
18. 车八进七　炮2平3
19. 相七进九　车3平5
20. 炮六平五　车5平4
21. 前炮平一　车4平9
22. 炮五进五　将5平4
23. 炮一平二！（图264）

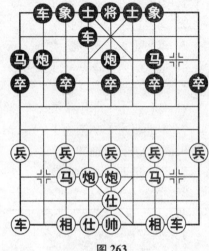

图 263

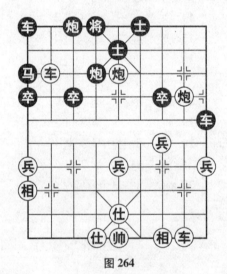

图 264

第 133 局　徐超胜于幼华

1. 炮二平五　　炮 8 平 5

2. 马二进三　　马 8 进 7

3. 车一平二　　车 9 进 1

4. 马八进七　　车 9 平 4

5. 兵三进一　　马 2 进 1

6. 马三进四　　炮 2 平 3（图 265）

7. 车九平八　　车 1 平 2

8. 炮八进四　　车 4 进 6

9. 车八进二　　士 4 进 5

10. 车二进五　　炮 5 进 4

11. 仕六进五　　炮 5 退 1

12. 车二平八！象 3 进 5

13. 前车退一　　卒 5 进 1

14. 马四进三　　车 4 退 3

15. 炮八退一！炮 3 进 4

16. 炮八平五！车 2 进 5

17. 车八进二　　炮 3 平 7

18. 兵三进一　　炮 7 退 3

19. 兵三进一　　车 4 平 5

20. 兵三进一　　卒 1 进 1

21. 兵三进一　　马 1 进 2

22. 兵三平四　　象 5 退 3

23. 炮五进一！马 2 退 4

24. 相七进五　　车 5 平 3

25. 车八进五！（图 266）

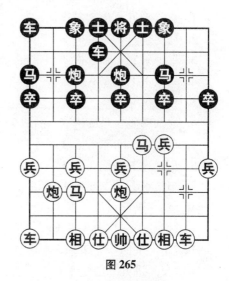

图 265

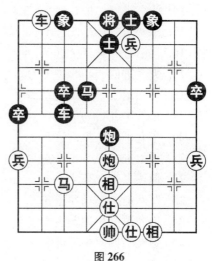

图 266

第 134 局　刘殿中胜言穆江

1. 炮二平五　炮 8 平 5
2. 马二进三　车 9 进 1
3. 车一平二　马 8 进 7
4. 马八进七　车 9 平 4
5. 兵三进一　卒 3 进 1
6. 炮八平九　马 2 进 3 （图 267）

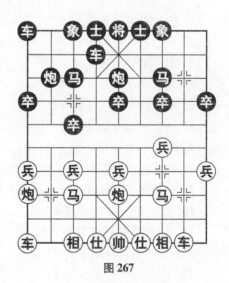

图 267

7. 车九平八　车 1 平 2
8. 车二进五　炮 2 进 4
9. 车二平七　车 4 进 1
10. 马三进四　炮 5 退 1
11. 炮五平三！象 3 进 1
12. 车七平四　炮 2 平 5
13. 车八进九　前炮平 6
14. 仕六进五　炮 6 退 2?
15. 车八退二　卒 5 进 1
16. 兵三进一　卒 7 进 1
17. 炮九进四　卒 5 进 1
18. 马四退二　炮 5 进 3
19. 车八平九！马 7 进 5
20. 车九平八　象 7 进 5
21. 兵七进一　卒 5 平 4
22. 炮三平五　卒 4 平 3
23. 车八退一　马 5 进 3
24. 炮九退一！炮 5 进 1
25. 炮九平四　卒 3 进 1
26. 炮四进二　车 4 进 4
27. 马二进三！卒 3 进 1
28. 炮四平七！（图 268）

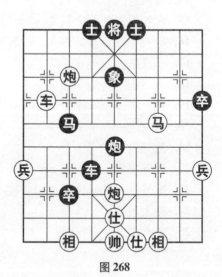

图 268

第135局 鲁钟能负胡荣华

1. 炮二平五 炮8平5
2. 马二进三 马8进7
3. 车一平二 车9进1
4. 仕四进五 车9平4
5. 车二进六 马2进3
6. 车二平三 炮5退1
7. 马八进九 卒3进1
8. 炮八平六 车4进1（图269）
9. 车三平四 车1平2
10. 兵三进一 炮2进1
11. 车四退二 炮2进1
12. 兵九进一 炮5平1
13. 马三进二 象3进5
14. 车四进三 马7进6！
15. 兵三进一 士4进5
16. 车四退一 马6进5
17. 车四退三 车4进3！
18. 马二退三 马5退4
19. 兵三平四 炮2进2
20. 车四退一 车4平7
21. 车九平八 车7进1
22. 兵四进一 卒3进1！
23. 兵七进一 炮1平2！
24. 车八平九 后炮平3
25. 车九平八 炮3进4
26. 炮五进二 炮2平5
27. 帅五平四 车2进9
28. 马九退八 炮5平6
29. 车四平五 炮6退2！（图270）

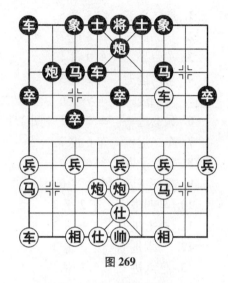

图 269

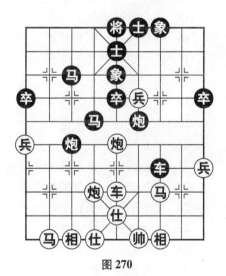

图 270

第136局 李轩负孙勇征

1. 炮二平五　炮8平5
2. 马二进三　马8进7
3. 车一平二　车9进1
4. 马八进七　马2进3
5. 兵三进一　车9平6
6. 兵七进一　车1进1（图271）
7. 车二进六　车6进7
8. 炮八平九　车6平2
9. 马三进四　车1平6
10. 马四进六　车2平3
11. 马七进八　车6进3!
12. 马六进七　车3退3!
13. 仕六进五　车3平2
14. 车二平三　炮5进4!
15. 马七退五　象7进5
16. 兵三进一　车6平4
17. 兵三平四　马7进5
18. 车三平五　车2进1
19. 炮九进四　车2平4
20. 相七进九　士4进5
21. 车五平七　将5平4
22. 车七退六　象5进3!
23. 炮九平五　后车平6
24. 车七平六　车6平4
25. 车六进三　车4进2
26. 兵九进一　炮2平9!
27. 兵九进一　炮9进4
28. 前炮平二　炮9进3!
29. 炮二进三（图272）

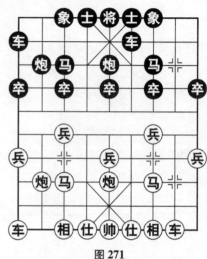

图271

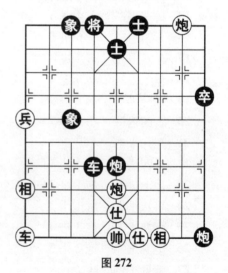

图272

第 137 局　章文彤负王琳娜

1. 炮二平五　炮 8 平 5
2. 马二进三　马 8 进 7
3. 车一平二　车 9 进 1
4. 炮八平六　马 2 进 3
5. 马八进七　车 1 平 2
6. 车九平八　车 9 平 4
7. 仕四进五　车 4 进 5（图 273）
8. 兵三进一　车 4 平 3
9. 车二进六　炮 5 退 1
10. 马三进四　卒 3 进 1
11. 车二平三　卒 3 进 1！
12. 马七退九？炮 5 进 5！
13. 车八进六　炮 5 退 1
14. 马四进五　马 7 进 5
15. 炮六进五　象 3 进 5
16. 车八平五　卒 3 平 4
17. 车五平七　车 3 平 7！
18. 相三进一　炮 2 平 4
19. 车七进一　炮 4 进 7！
20. 车三进三　车 7 平 5
21. 车七平五　士 4 进 5
22. 帅五平四　车 5 平 6
23. 帅四平五　车 6 平 5
24. 帅五平四　车 5 平 6
25. 帅四平五　车 2 进 8！
26. 车五进一　将 5 平 4
27. 帅五平六　炮 5 进 3！
28. 炮五平六　卒 4 平 5！
29. 相七进五　车 6 进 3（图 274）

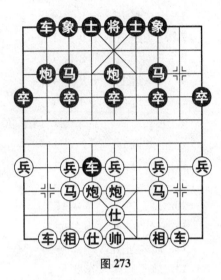

图 273

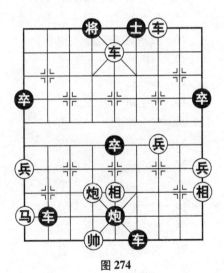

图 274

第 138 局　胡荣华胜韩福德

1. 炮二平五　炮 8 平 5

2. 马二进三　车 9 进 1

3. 车一平二　马 8 进 7

4. 马八进七　车 9 平 4

5. 兵三进一　车 4 进 4

6. 炮五平四　卒 5 进 1（图 275）

7. 相七进五　卒 5 进 1

8. 兵七进一！车 4 进 1

9. 兵五进一　马 2 进 3

10. 兵五进一　车 4 退 2

11. 车二进五　炮 2 进 2

12. 仕六进五　炮 2 平 5

13. 马三进四　车 4 平 2

14. 马七进六　车 1 进 1

15. 车九平七　马 3 进 5？

16. 马六进五　马 7 进 5

17. 马四进五　车 2 进 2

18. 兵七进一　车 2 平 5

19. 车七进二！车 5 平 1

20. 车七平六　卒 3 进 1

21. 帅五平六！前车进 3

22. 帅六进一　士 6 进 5

23. 车二进四！后炮平 4

24. 车六进五！士 5 进 4

25. 车二平三　将 5 进 1

26. 炮四平二！象 3 进 5

27. 马五进三　将 5 平 4

28. 车三退一　士 4 进 5

29. 车三平五！（图 276）

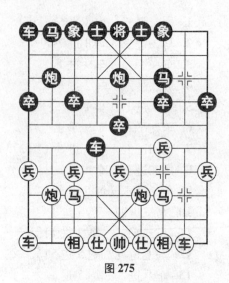

图 275

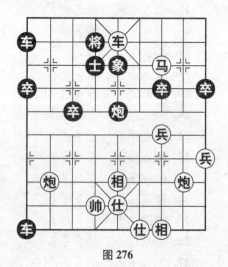

图 276

第139局 李来群胜阎文清

1. 炮二平五　炮8平5
2. 马二进三　马8进7
3. 车一平二　车9进1
4. 马八进七　车9平4
5. 仕六进五　马2进3
6. 兵七进一　卒7进1（图277）
7. 车二进四　车1进1
8. 炮八平九　车4进5
9. 车九平八　车4平3
10. 车八进二　卒3进1
11. 炮九退一　车3退1
12. 兵五进一！车3进1
13. 炮九平七　车3平4
14. 车八进四　车1平4
15. 马七进五　马7进6？
16. 车二平四　后车进2
17. 车八平六　马6退4
18. 炮七进六　炮2进7
19. 相七进九　马4进2
20. 炮七退一　卒3进1
21. 兵五进一　卒3平4
22. 兵五进一！炮5进4
23. 马三进五！车4平5
24. 炮七平一　士4进5
25. 炮一进三　卒4平5
26. 炮五进二！将5平4
27. 炮五进四！　车5平3
28. 车四进五　将4进1
29. 炮五平二！（图278）

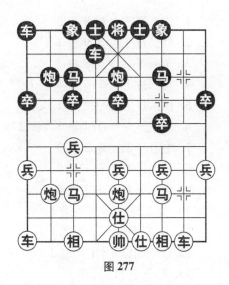

图 277

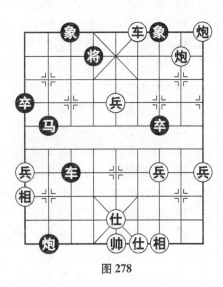

图 278

第140局 张江胜廖二平

1. 炮二平五　炮8平5
2. 马二进三　车9进1
3. 车一平二　马8进7
4. 马八进七　车9平4
5. 仕六进五　马2进1
6. 兵三进一　车4进5（图279）
7. 炮五平四　炮2平3
8. 相七进五　车1平2
9. 炮八平九　车2进4
10. 车二进六　卒7进1
11. 车二平三　卒7进1
12. 车三退二　车4退2
13. 马三进四　车4平7
14. 车三进一　车2平7
15. 车九平六　士6进5
16. 兵七进一　卒1进1
17. 马四进六　炮3退1
18. 炮九进三！车7进2
19. 兵九进一　炮5平4
20. 车六平八　炮3平4
21. 马六进四　车7退2
22. 马四退三　马7进8
23. 兵五进一　车7平4
24. 兵五进一！卒5进1
25. 炮九平五　象7进5
26. 炮四进三！车4进2
27. 炮五平二　车4平6
28. 炮四平五！后炮平3
29. 车八平六　炮4进4
30. 炮五退二！（图280）

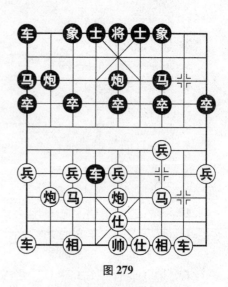

图 279

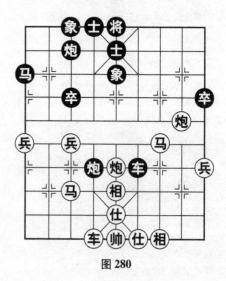

图 280

第 141 局　李澄胜朱锡实

1. 炮二平五　炮 8 平 5　　　　2. 马二进三　马 8 进 7

3. 车一平二　车 9 进 1　　　　4. 炮八平六　卒 7 进 1

5. 马八进七　车 9 平 4

6. 仕四进五　车 4 进 5

7. 车九平八　马 2 进 3（图 281）

8. 车二进四　车 4 平 3

9. 兵三进一　卒 7 进 1

10. 车二平三　马 7 进 6

11. 马三进四　卒 3 进 1

12. 车八进六　士 4 进 5

13. 炮五平三！象 7 进 9

14. 炮六平四！马 6 进 4

15. 马四进六！马 3 进 4

16. 车三平六　马 4 退 3

17. 车八平七　马 3 退 4

18. 相三进五！炮 5 进 4

19. 车七平五　炮 5 平 1

20. 马七进九　车 3 平 1

21. 车六进四！炮 2 平 7

22. 相五进三！后车进 1

23. 车六平九　马 4 进 3

24. 车五退二　马 3 退 1

25. 炮三进五　车 1 平 9

26. 炮四平五　马 1 进 3

27. 车五平六　车 9 平 5

28. 车六进四！马 3 进 2

29. 炮三平二　象 9 退 7

30. 炮二进二　车 5 退 4

31. 炮五平三！（图 282）

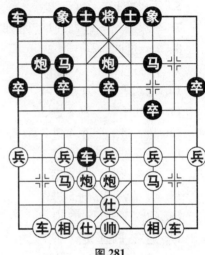

图 281

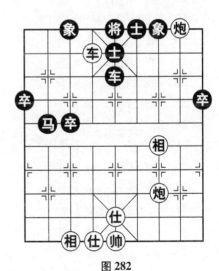

图 282

第142局　柳大华胜卜凤波

1. 炮二平五　炮8平5　　　　2. 马二进三　马8进7
3. 车一平二　车9进1　　　　4. 炮八平六　马2进3
5. 马八进七　车1平2　　　　6. 车九平八　卒7进1
7. 车八进五　炮2平1（图283）
8. 车八进四　马3退2
9. 车二进四　卒3进1
10. 仕四进五　车9平4
11. 车二平八　马2进3
12. 兵三进一　车4进3?
13. 马三进四!　车4退3

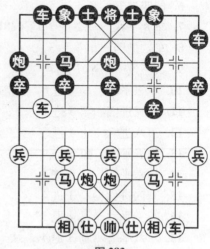

图283

14. 兵三进一　车4平8
15. 炮五平三!　炮5进4
16. 炮六平五!　炮5退2
17. 炮三平五!　炮1平7
18. 兵三平四!　象7进5
19. 兵四平五　卒5进1
20. 马四退六!　车8进3
21. 马七进五!　士6进5
22. 马六进五　车8平7
23. 相三进一　炮7进1
24. 前马进三　车7退1
25. 车八进三　车7平3
26. 马五进三　马3进5
27. 车八退三　马5进7
28. 马三进五　车3平6
29. 车八平二　马7退5
30. 车二进五　士5退6
31. 马五退三　车6平7
32. 车二退四!（图284）

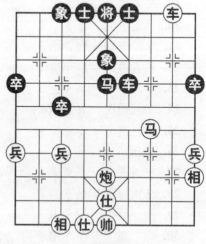

图284

第 143 局　程福臣胜韩福德

1. 炮二平五　炮 8 平 5　　　　2. 马二进三　马 8 进 7

3. 车一平二　车 9 进 1　　　　4. 仕四进五　马 2 进 3

5. 炮八平六　车 9 平 4　　　　6. 马八进七　车 1 平 2

7. 车九平八　炮 2 进 4（图 285）

8. 车二进六　车 4 进 1

9. 兵三进一　卒 3 进 1

10. 车二平三　炮 5 退 1

11. 车三平四　炮 2 退 2

12. 马三进四　象 3 进 5

13. 炮五平三！马 7 进 8

14. 兵三进一　炮 5 平 2

15. 车八进五！马 3 进 2

16. 马四进二　车 4 进 2

17. 兵三平四　马 2 进 3

18. 炮三进四！士 4 进 5

19. 炮三平五　炮 2 平 3

20. 马二进三　炮 3 退 1

21. 炮六平三　将 5 平 4

22. 车四进二！象 7 进 9

23. 炮五平二！车 2 进 3

24. 炮二进三　将 4 进 1

25. 马三进四　炮 3 平 5

26. 炮三平六！车 4 进 3

27. 仕五进六　象 9 退 7

28. 炮二退一　车 2 进 4

29. 炮二退七　卒 3 进 1

30. 炮二平六　卒 3 平 4

31. 仕六退五　卒 4 平 3

32. 兵四平五！车 2 平 3（图 286）

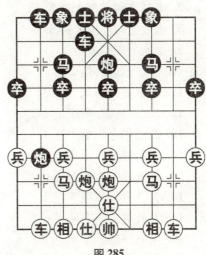

图 285

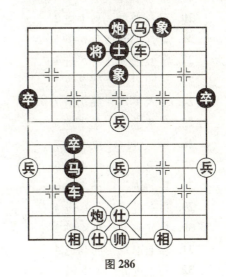

图 286

第144局　戴荣光胜郭福人

1. 炮二平五	炮8平5	2. 马二进三　马8进7
3. 车一平二	车9进1	4. 马八进九　车9平4
5. 炮八平七	马2进1	6. 车九平八　车1平2（图287）

7. 车二进六　车4进6

8. 炮七进四　炮2进6

9. 炮七平三　象7进9

10. 车二退五！炮2退2

11. 车二进七　炮5平3

12. 车二退四　卒1进1

13. 车二平七　炮3平4

14. 仕六进五　车4退3

15. 兵三进一　士6进5

16. 兵九进一　象3进5

17. 车八进二　车4平6

18. 马三进四　卒1进1

19. 车七平九　炮2平5

20. 车八平六　马1进2

21. 车九平五！车6平5

22. 车五进一　卒5进1

23. 马四退三　卒5进1

24. 车六平八　象9退7

25. 车八进二　车2进3

26. 兵三进一　象5进7

27. 炮三进三　炮4平5

28. 兵七进一！马7进6

29. 兵七进一！马6进4

30. 马九进七　马4进2

31. 马七退六　前马退4

32. 马六进五　卒5进1

33. 炮五进五！（图288）

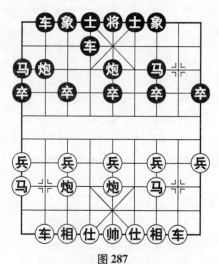

图287

图288

第 145 局　赵国荣胜曹霖

1. 炮二平五　炮 8 平 5		2. 马二进三　车 9 进 1
3. 车一平二　马 8 进 7		4. 马八进七　车 9 平 4
5. 兵三进一　车 4 进 3		6. 仕六进五　马 2 进 1（图 289）

1. 炮二平五　炮 8 平 5
2. 马二进三　车 9 进 1
3. 车一平二　马 8 进 7
4. 马八进七　车 9 平 4
5. 兵三进一　车 4 进 3
6. 仕六进五　马 2 进 1（图 289）
7. 炮五平四　炮 2 平 3
8. 相七进五　车 1 平 2
9. 炮八平九　车 4 平 6
10. 车二进六　炮 5 平 6
11. 炮四进五　车 6 退 2
12. 兵五进一　车 6 进 2
13. 车二平三　象 7 进 5
14. 马七进五　卒 1 进 1
15. 炮九平七　士 6 进 5
16. 车九平六　车 2 进 6
17. 相五退七！车 6 进 2
18. 炮七平五　马 1 进 2
19. 兵五进一！卒 5 进 1
20. 炮五进三　马 2 进 3
21. 兵三进一　马 3 进 2
22. 车六进八　炮 3 平 1
23. 兵三平四　车 2 退 1
24. 车三平七！炮 1 进 4
25. 车七平六　马 7 进 5
26. 后车平五　炮 1 进 3
27. 相七进五　马 2 退 3
28. 车五平一！车 2 进 4
29. 车六退八　车 2 退 6
30. 车六进六　车 2 进 6
31. 车六退六　将 5 平 6
32. 车一进三　将 6 进 1
33. 马三进二！（图 290）

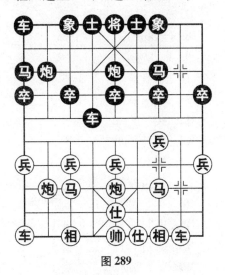

图 289

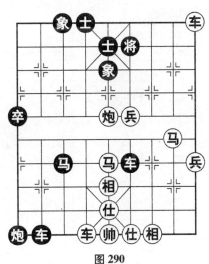

图 290

第146局 陈孝坤胜于幼华

1. 炮二平五 炮8平5	2. 马二进三 车9进1
3. 车一平二 马8进7	4. 马八进九 卒1进1
5. 炮八平七 马2进1	6. 车九平八 炮2进2（图291）

7. 车八进四 车9平4

8. 仕四进五 士4进5

9. 兵九进一 炮5平2

10. 车八平四 卒1进1

11. 车四平九 车1平2

12. 兵三进一 后炮平3

13. 炮五平四 炮2进3

14. 相七进五 车2进6

15. 炮四进一！ 炮3退1

16. 兵七进一 车2退2

17. 炮四进五！ 车4进1

18. 炮四平七 马1退3

19. 车九平八 马3进1

20. 兵五进一 车4进4

21. 车八进一 马1进2

22. 车二进七！ 马2进4

23. 车二平三 象3进5

24. 炮七平六 车4平1

25. 马九退八！ 炮2退5

26. 车三退一 车1进2

27. 相五退七 车1平2

28. 马三进四 炮2进7

29. 马四进五 马4进3

30. 车三平四 车2退2

31. 马五进七 车2平5

32. 车四平七！ 马3进1

33. 车七平九！（图292）

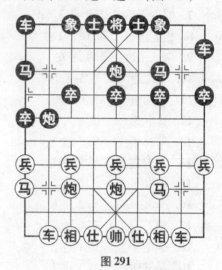

图291

图292

第147局 柳大华胜杨官璘

1. 炮二平五　炮8平5
2. 马二进三　马8进7
3. 车一平二　车9进1
4. 马八进七　车9平4
5. 兵三进一　车4进5
6. 马三进四　车4平3
7. 马七退五　车3平5（图293）
8. 车二进六　车5退1
9. 马五进三　炮2进3
10. 车二平三　炮2平6
11. 车三进一　炮6进1
12. 车三进二！炮6平7
13. 车三平二　炮7进3
14. 仕四进五　马2进1
15. 车二退三　车1平2
16. 炮五进四　士4进5
17. 炮八平五　车2进6
18. 车九进二　车2平4
19. 前炮平一　车5平7
20. 车二平五！炮5进5
21. 车九平五　车7退5
22. 后车进一　车4退5
23. 马三进四　炮7平9
24. 炮一平三　车4进4
25. 前车平四　卒1进1
26. 相七进五　车4退3
27. 帅五平四　象3进5
28. 车五进二　象5进3
29. 炮三退二　车4平8
30. 马四进三　车7平8
31. 炮三平五　马1退3
32. 车五平二　士5进6
33. 车四平五！士6进5
34. 车五平七！（图294）

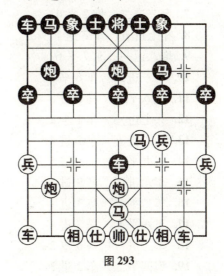

图293

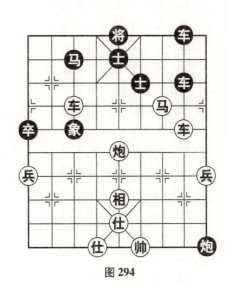

图294

第 148 局　赵鑫鑫胜谢业枧

1. 炮二平五　炮8平5	2. 马二进三　马8进7
3. 车一平二　车9进1	4. 马八进七　车9平4
5. 兵三进一　车4进4	6. 炮五平四　车4平7（图295）
7. 车二进二　炮2平4	
8. 相七进五　车7退1	
9. 炮八退一　车7平6	
10. 马三进二!　车6平8	
11. 炮八平三　马2进3	
12. 兵七进一　车1平2	
13. 仕六进五　车2进4	
14. 车九平六　士6进5	
15. 车六进四　卒3进1	
16. 车二平三　卒3进1	
17. 车六平七　马3进4	
18. 车三进一!　马4退2	
19. 炮四平二　车2进3	
20. 车七平四　车2平4	
21. 车四平七　马4退2	
22. 车七平四　车2平4	
23. 车四平七　马4退2	
24. 车七平四　车8平3	
25. 车四进一!　车2退3	
26. 车四平七　车2平3	
27. 车三进三!　炮4平3	
28. 炮三进六!　炮3进5	
29. 炮二平七　车3进3	
30. 马二进四　车3退3	
31. 马四进二　马2进4	
32. 炮三平二!　象7进9	
33. 炮二进二　将5平6	
34. 车三进三!（图296）	

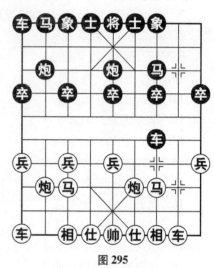

图 295

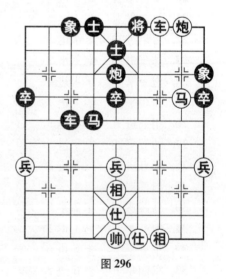

图 296

第 149 局　郑乃东胜蒋全胜

1. 炮二平五　炮 8 平 5　　2. 马二进三　马 8 进 7

3. 车一平二　车 9 进 1　　4. 马八进七　马 2 进 3

5. 兵七进一　车 1 进 1　　6. 炮八平九　车 9 平 4 （图 297）

7. 车二进六　车 4 进 5

8. 车二平三　车 4 平 3

9. 车三进一　车 3 进 1

10. 车九平八　卒 3 进 1

11. 车三退二　车 3 退 2

12. 车八进六　车 3 进 4

13. 车三进四　车 3 退 2

14. 炮九退一　炮 5 平 7

15. 车三平一　车 1 进 1

16. 炮九平二！象 3 进 5

17. 车一退三！炮 7 进 5

18. 炮二进六！炮 7 平 9

19. 车一平二　车 9 进 2

20. 车二退四　象 5 退 3

21. 炮二平八　卒 3 进 1

22. 车八退六　卒 3 平 4

23. 车二平四　卒 4 进 1

24. 炮八退三　卒 4 平 5

25. 炮八平五！士 4 进 5

26. 前炮平二！士 5 退 4

27. 炮五进四！车 3 退 2

28. 炮二进五　将 5 进 1

29. 车八进八　将 5 进 1

30. 车八平四　将 5 平 4

31. 后车平六　将 4 平 5

32. 车六平四　将 5 平 4

33. 炮二退二　士 4 进 5

34. 炮五进一！（图 298）

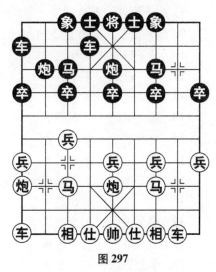

图 297

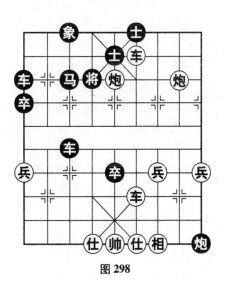

图 298

第150局　许银川胜郭英秀

1. 炮二平五　炮8平5
2. 马二进三　马8进7
3. 车一平二　车9进1
4. 马八进七　车9平4
5. 兵三进一　马2进1
6. 仕六进五　车1进1（图299）
7. 炮五平四　车4进7
8. 相三进五　车1平6
9. 炮八进二　车6进5
10. 马三进二！车6退3
11. 车二进三！卒3进1
12. 兵三进一　卒7进1
13. 马二退四　车6平7
14. 炮四平三　车7平6
15. 马四进三　车6进1
16. 马三退一　象7进9？
17. 马一进二！车6退3
18. 车九进一　车4退7
19. 炮八平三　马7进6
20. 车九平八！炮2平3
21. 马二退四　车6进3
22. 车八进五　卒5进1
23. 车八平五　车4进7
24. 车二进五　士6进5
25. 后炮平四　炮3退1
26. 车二退一　炮3进1
27. 车二进二　士5退6
28. 炮三退三！车4退2
29. 炮三平四！车6进3
30. 仕五进四　士4进5
31. 仕四进五　车4平3
32. 炮四进八！士5退6
33. 车五平四　将5进1
34. 车二平四　炮3退1
35. 前车平六！（图300）

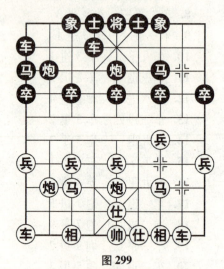

图 299

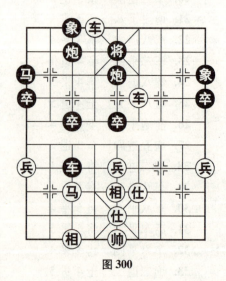

图 300

第 151 局 李来群胜高明海

1. 炮二平五　炮 8 平 5　　　2. 马二进三　马 8 进 7

3. 车一平二　车 9 进 1　　　4. 炮八平六　车 9 平 4

5. 仕四进五　马 2 进 3　　　6. 马八进七　车 1 平 2

7. 车九平八　车 4 进 3（图 301）　8. 车二进六　卒 7 进 1

9. 车二平三　炮 5 退 1

10. 车八进六　车 4 平 3

11. 兵三进一！炮 5 平 7

12. 车三平四　卒 7 进 1

13. 车四进二　炮 7 平 9

14. 兵五进一！车 3 进 2

15. 兵五进一　士 4 进 5

16. 马三进五！炮 2 平 1

17. 车八进三　马 3 退 2

18. 马五进三　炮 1 退 1

19. 车四退二　炮 9 平 7

20. 马三进二　卒 5 进 1？

21. 马二进四　炮 7 平 6

22. 车四平三！卒 5 进 1

23. 车三进一　卒 5 进 1

24. 炮五平三　士 5 进 6

25. 炮三进七　士 6 进 5

26. 炮六平二！炮 6 平 8

27. 炮三平一！将 5 平 4

28. 车三进二　将 4 进 1

29. 车三平二！车 3 进 1

30. 车二退一　车 3 平 2

31. 炮一退一　炮 1 进 5

32. 车二退四　士 5 退 6

33. 车二平六！将 4 平 5

34. 炮二进六　将 5 退 1

35. 炮一进一　将 5 进 1（图 302）

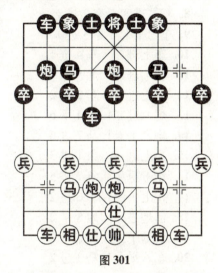

图 301

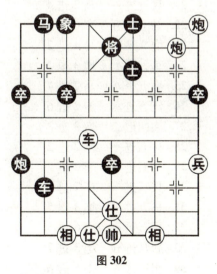

图 302

第 152 局　郭长顺胜孟立国

1. 炮二平五　炮 8 平 5
2. 马二进三　马 8 进 7
3. 车一平二　车 9 进 1
4. 炮八平六　车 9 平 4
5. 仕四进五　马 2 进 3
6. 马八进七　车 1 平 2
7. 车九平八　炮 2 进 4（图 303）
8. 车二进四　卒 7 进 1
9. 车二平七　象 3 进 1
10. 车七进二　车 4 进 1
11. 相七进九　炮 5 退 1
12. 兵七进一　车 2 进 2
13. 炮六进二！车 4 平 6
14. 炮六平五！马 7 进 6
15. 兵七进一　象 1 进 3
16. 车七退一　象 7 进 5
17. 车七平四！车 6 进 2
18. 前炮进三　炮 5 平 2
19. 前炮平八　前炮平 3
20. 车八平九！马 3 进 2
21. 兵五进一　马 2 进 4
22. 马七进五　车 6 平 2
23. 炮八平四　马 4 进 2
24. 车九平七　炮 3 退 2
25. 炮五平八！马 2 进 4
26. 仕五进六　炮 2 进 6
27. 炮四退二！炮 3 进 2
28. 兵五进一　车 2 进 2
29. 兵五进一　炮 2 进 2
30. 兵三进一　卒 7 进 1
31. 马五进三　炮 3 退 5
32. 兵五进一　士 6 进 5
33. 后马进五　炮 3 进 7
34. 相三进五　士 5 进 6
35. 兵五平四　车 2 进 1
36. 兵四进一　士 4 进 5
37. 马三进四！（图 304）

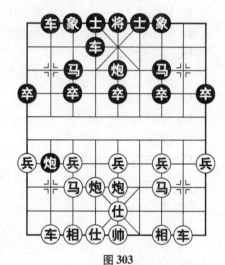

图 303

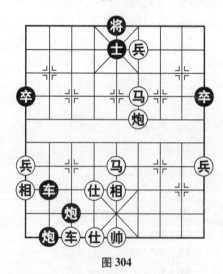

图 304

第 153 局　徐和良负孟立国

1. 炮二平五　炮 8 平 5	2. 马二进三　马 8 进 7
3. 车一平二　车 9 进 1	4. 马八进九　马 2 进 3
5. 炮八平七　车 1 平 2	6. 兵七进一　车 9 平 4（图 305）
7. 兵七进一　卒 5 进 1	
8. 兵七平六　车 4 进 3！	
9. 炮七进五　马 7 进 5	
10. 炮七进一　炮 2 进 5！	
11. 炮七平一　炮 2 平 7	
12. 车二进二　炮 7 平 1	
13. 车九进二　马 5 进 3	
14. 仕四进五　车 2 进 1	
15. 炮一进一　车 2 平 6	

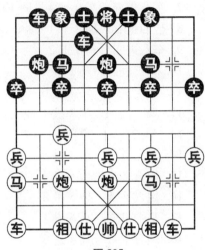

图 305

16. 炮五平四　炮 5 进 4
17. 帅五平四　象 3 进 5
18. 炮四退一　车 4 进 2
19. 兵三进一　炮 5 平 1
20. 车九平四　车 6 进 6
21. 车二平四　士 4 进 5
22. 炮四进八　炮 1 平 9！
23. 车四进四　车 4 平 7
24. 相七进五　卒 5 进 1
25. 炮一退六　车 7 平 9
26. 炮四退一　卒 5 进 1
27. 帅四平五　卒 5 进 1
28. 相三进五　车 9 进 3
29. 仕五退四　马 3 进 5
30. 车四退五　车 9 退 2
31. 仕四进五　车 9 平 5
32. 车四进三　马 5 退 3
33. 炮四平一　车 5 平 8
34. 帅五平四　车 8 进 2
35. 帅四进一　车 8 退 8
36. 炮一进一　车 8 退 1
37. 炮一退一　卒 7 进 1！（图 306）

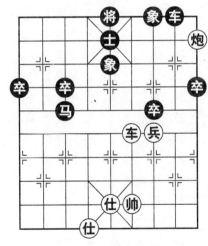

图 306

第 154 局　于幼华胜王贵福

1. 炮二平五　炮 8 平 5
2. 马二进三　马 8 进 7
3. 车一平二　车 9 进 1
4. 炮八平六　卒 7 进 1
5. 马八进七　马 2 进 3
6. 车九平八　车 1 平 2
7. 车八进五　车 9 平 4（图 307）
8. 仕四进五　炮 2 平 1
9. 车八进四　马 3 退 2
10. 车二进四　马 2 进 3
11. 兵七进一　马 7 进 6
12. 兵三进一　卒 7 进 1
13. 车二平三　象 7 进 9
14. 马三进四　士 4 进 5
15. 炮五平二！炮 5 进 4
16. 炮六平五　炮 5 平 8
17. 马七进五　马 6 进 4
18. 炮五平六　马 4 进 6
19. 车三退一！炮 1 进 4
20. 马四退二　车 4 进 1
21. 马二进三　车 4 平 7
22. 马三退五！车 7 进 4
23. 前马退三　卒 5 进 1
24. 炮六平三　象 3 进 5
25. 炮二进七　象 5 退 7
26. 炮二退一　象 9 进 7
27. 马三进四　象 7 退 5
28. 马五进六　马 3 进 5
29. 炮二进一　炮 1 平 9
30. 马六进五　将 5 平 4
31. 马五退七　马 5 退 6
32. 马四进五！前马退 4
33. 马七进八　将 4 进 1
34. 炮三平六　马 4 退 5
35. 炮二退一　炮 9 平 3
36. 炮六平五　炮 3 平 5

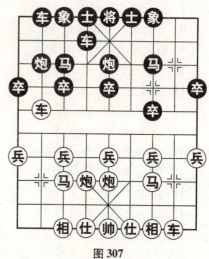

图 307

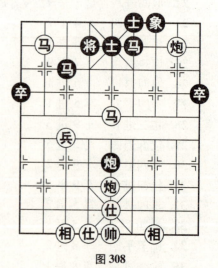

图 308

37. 马五退七　马 5 退 3

38. 马七退五！（图 308）

第 155 局　胡荣华胜杨官璘

1. 炮二平五　炮 8 平 5

2. 马二进三　马 8 进 7

3. 车一平二　车 9 进 1

4. 马八进七　车 9 平 4

5. 兵三进一　车 4 进 5

6. 马三进四　车 4 退 1（图 309）

7. 马四进五　马 7 进 5

8. 炮五进四　士 4 进 5

9. 相七进五　卒 9 进 1

10. 兵七进一　车 4 进 1

11. 仕六进五　车 4 平 3

12. 车九平七　炮 2 进 4

13. 炮八进七！车 1 平 2

14. 车二进五！象 3 进 1

15. 车二平六　车 2 平 4

16. 车七平六！车 4 平 3

17. 后车进二　前车平 5

18. 炮五退一　车 5 平 3

19. 帅五平六　炮 2 退 6

20. 前车进三　前车平 5

21. 后车进三　车 5 退 1

22. 马七进八！卒 3 进 1

23. 马八进七　车 5 退 1

24. 马七退五　炮 2 进 4

25. 马五进四！士 5 进 6

26. 前车进一　车 3 平 4

27. 车六进四　将 5 进 1

28. 车六平八　炮 5 进 2

29. 车八退三　象 7 进 5

30. 兵七进一　象 5 进 3

31. 车八平九　将 5 平 6

32. 炮九平三　炮 2 退 3

33. 车三平八　炮 2 平 5

34. 兵三进一　后炮退 1

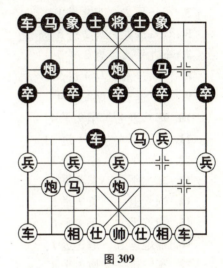

图 309

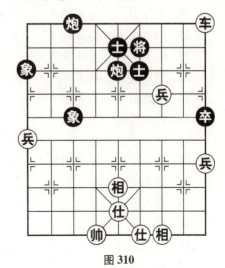

图 310

35. 车八平一　士6进5　　**36.** 车一进三　后炮平3

37. 兵三进一　炮5退2　　**38.** 兵九进一！（图310）

第156局　陈孝坤负蒋志梁

1. 炮二平五　炮8平5　　**2.** 马二进三　马8进7

3. 车一平二　车9进1　　**4.** 车二进六　卒3进1

5. 马八进九　马2进3　　**6.** 炮八平六　马3进4（图311）

7. 车九平八　炮2平3

8. 仕六进五　马4进5

9. 马三进五　炮5进4

10. 车八进七　车9平4！

11. 帅五平六　车1进2！

12. 车八平九　象3进1

13. 车二平三　车4进4！

14. 炮六退一　象7进5

15. 炮五平六　车4平6

16. 前炮进五　炮3进1！

17. 车三进一　炮3平4

18. 后炮平七　士4进5

19. 相三进五　士5进4

20. 车三退三　车6平4

21. 帅六平五　炮5退1！

22. 炮七平八　士4退5

23. 炮八进四　将5平4

24. 马九退八　炮4平3

25. 马八进七　卒3进1

26. 炮八平二　炮3平2

27. 炮二平八　卒3进1

28. 马七进五　卒5进1

29. 炮八退五　炮2进3

30. 马五退三　炮2进1

31. 马三进五　卒3平4！

32. 车三进二　卒4平5

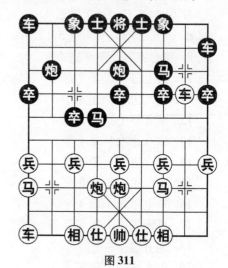

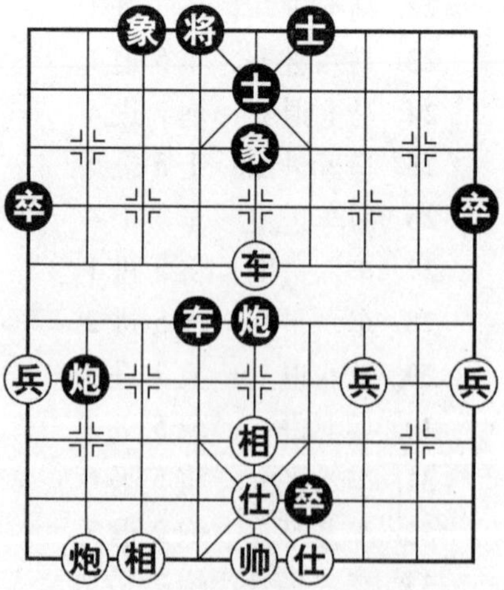

图311

图312

33. 车三平八 炮2退2　　**34.** 相五退三 前卒平6

35. 相三进五 卒6进1　　**36.** 车八进三 象1退3

37. 车八退四 卒6进1　　**38.** 车八平五 炮2进1!（图312）

第157局　王嘉良负臧如意

1. 炮二平五 炮8平5　　**2.** 马二进三 马8进7

3. 车一平二 车9进1　　**4.** 兵三进一 车9平4

5. 马八进七 马2进1

6. 仕六进五 车4进4（图313）

7. 炮五平四 车4平7

8. 车二进二 炮2平3

9. 相七进五 车7进1

10. 车九平八 车1平2

11. 炮四退一 车2进6

12. 炮四平三 车7平6

13. 兵七进一 车2平3

14. 马三进二 车6平7

15. 炮三进五 马7退9

16. 炮八进五 卒3进1

17. 炮三平九 马9进7

18. 炮九平七 炮3平4

19. 炮八平七! 炮5平3

20. 炮七进三 士4进5

21. 炮七平九 将5平4

22. 车八进九 将4进1

23. 车八平七 炮3退1

24. 炮九退一 炮3进2

25. 马七退六 卒3进1

26. 车七退二 车3平4

27. 相五进三 车7平5

28. 车二平八 车4平2

29. 车八进一 车5平2

30. 车七平九 炮4进3!

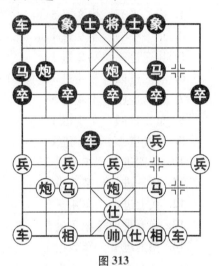

图 313

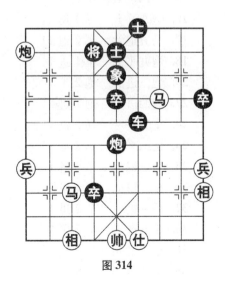

图 314

31. 车九平三　炮4平5　　32. 仕五进六　炮3进1

33. 马二进三　象7进5　　34. 相三进一　卒3平4

35. 车三进一　卒4进1　　36. 车三平四　卒4进1！

37. 车四退三　炮3进5　　38. 马六进七　车2平5！

39. 相三退五　车5平6　　40. 相五退七　车6退2！（图314）

第158局　钱洪发负胡荣华

1. 炮二平五　炮8平5　　2. 马二进三　马8进7

3. 车一平二　车9进1　　4. 马八进七　车9平4

5. 兵三进一　马2进1

6. 马三进四　车4进7（图315）

7. 炮八进四　士4进5

8. 车二进四　车4退1

9. 车九进二　卒1进1

10. 仕四进五　车4退2

11. 兵三进一！卒7进1

12. 兵七进一　车4平3

13. 炮五平三　象7进9

14. 相三进五　车3退1

15. 马四进五？车3平2！

16. 炮八平九　马1退2

17. 马五退六　车2进1！

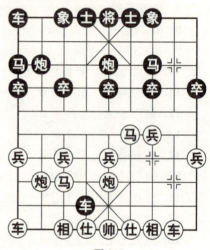

图315

18. 炮九平七　卒1进1！　　19. 车二进二　卒1平2！

20. 炮三进五　炮2平7　　21. 马六进四？炮5平1

22. 马四进三　炮1进5　　23. 相七进九　象3进5

24. 车二平一　马2进4　　25. 炮七平二　象5退7

26. 炮二平三　车2退1！　　27. 炮三平五　马4进5

28. 马三退五　卒2进1　　29. 马七进六　卒2进1

30. 相九退七　车1平4　　31. 兵一进一　车4进4

32. 兵一进一　卒2进1　　33. 兵一平二　卒7进1

34. 相五进三　卒2平3　　35. 相七进五　卒3平4

36. 车一平四　车2进1　　37. 兵五进一　车4平8

38. 车四退三　车8进5　　39. 车四退三　车8退1

40. 车四进五 车8平5!（图316）

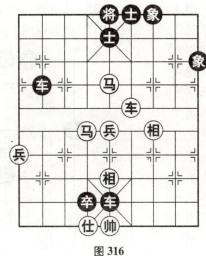

图316

第159局 李智屏胜赵国荣

1. 炮二平五 炮8平5   **2.** 马二进三 马8进7

3. 车一平二 车9进1   **4.** 马八进九 马2进3

5. 炮八平七 车1平2

6. 车九平八 炮2进4（图317）

7. 车二进六 炮5进4?

8. 仕四进五 炮5退2

9. 车二平三 马7退5

10. 车八进二 车9平6

11. 车三进三 车6进5

12. 车三退四 卒3进1

13. 炮七退一 象3进5

14. 车三进一 马5退7

15. 车八平六 士4进5

16. 兵七进一 马7进8?

17. 兵七进一 马8进7

18. 兵七平六 炮2平7

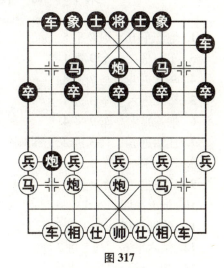

图317

19. 车三退一! 象5进7

20. 兵六平五 卒5进1   **21.** 车六进五! 马3进2

22. 炮七进四！ 卒 5 进 1　　　　23. 车六退二　象 7 退 9

24. 车六进一　炮 7 退 4　　　　25. 马三进二　车 6 平 7

26. 马二进四　车 7 进 3　　　　27. 仕五退四　象 9 退 7

28. 车六平五　炮 7 平 6

29. 仕六进五　车 7 退 4

30. 马四进二　车 7 平 6

31. 马二进三　炮 6 退 1

32. 炮七平三！ 象 7 进 9

33. 马三退一　车 6 平 7

34. 炮三平五　将 5 平 4

35. 后炮平六　士 5 进 6

36. 马一退三！ 车 7 退 2

37. 车五平三　车 2 平 3

38. 车三平六　将 4 平 5

39. 车六平五　将 5 平 4

40. 炮五平六　马 2 进 4

41. 车五退二！（图 318）

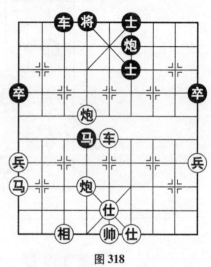

图 318

第 160 局　　陈孝坤负徐天红

1. 炮二平五　炮 8 平 5　　　　2. 马二进三　马 8 进 7

3. 车一平二　车 9 进 1

4. 马八进九　马 2 进 3

5. 车二进六　卒 3 进 1

6. 炮八平六　车 9 平 4

7. 仕四进五　马 3 进 2（图 319）

8. 车二平三　车 1 进 1

9. 兵三进一　车 4 进 4

10. 炮五平四　车 1 平 6

11. 炮四进四　马 7 退 5

12. 炮六平五　马 5 进 3

13. 相三进一　象 7 进 9

14. 兵三进一　车 4 退 1

15. 炮四平九　卒 3 进 1！

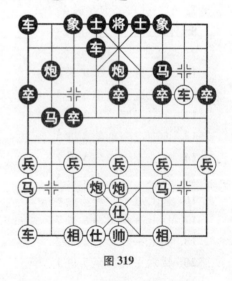

图 319

16. 炮九平七　卒 3 平 2
17. 炮五平八　马 2 进 4
18. 炮八进五　炮 5 平 2
19. 炮七进三　士 4 进 5
20. 马九退七　马 3 进 2
21. 马七进五　马 4 进 5
22. 相七进五　马 2 进 4!
23. 车九进二　车 4 平 3
24. 炮七平八　卒 2 平 1!
25. 相五退七　车 3 进 2!
26. 车九平八　车 3 进 3!
27. 炮八平四　卒 1 平 2
28. 车八平六　马 4 进 2
29. 车六退一　将 5 平 6
30. 车三平二　将 6 平 5
31. 车二平五　车 3 退 1
32. 车六进七　车 3 退 8
33. 兵三进一　马 2 进 3
34. 车六退七　车 6 进 3
35. 车五进一　炮 2 平 4
36. 车五平一　炮 4 退 2!
37. 兵三进一　车 6 平 4
38. 车六平七　车 3 进 8
39. 兵三进一　车 4 平 7
40. 兵三平四　车 7 进 3
41. 车一退一　车 7 平 9
42. 车一平五　车 3 退 7!（图 320）

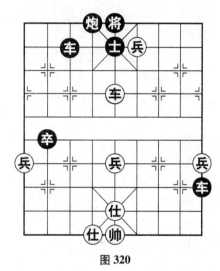

图 320

第 161 局　陈松顺胜杨官璘

1. 炮二平五　炮 8 平 5
2. 马二进三　马 8 进 7
3. 车一平二　车 9 进 1
4. 炮八平六　车 9 平 4
5. 仕六进五　车 4 进 3
6. 马八进七　马 2 进 1（图 321）
7. 兵七进一　车 1 平 2
8. 车二进四　车 4 平 2
9. 车二平六　车 4 退 1
10. 马七进六　炮 2 进 4
11. 兵三进一　炮 2 退 1
12. 马六进四　炮 2 平 7
13. 相三进一　炮 7 退 1
14. 马三进二　士 6 进 5
15. 炮五平三!　马 7 退 8
16. 炮六平五!　炮 5 平 8
17. 炮五进四　象 7 进 5
18. 车九进二　车 2 进 4
19. 车九平四　车 2 平 5
20. 炮五平一　马 8 进 9
21. 兵一进一!　卒 1 进 1
22. 车四进一　炮 8 平 6

23. 车四平二　炮7平8
24. 车二平三　象5进7
25. 炮三平五　车5平4
26. 马四进六！炮6平5
27. 兵五进一　炮5进5
28. 相七进五　象7退5
29. 车三平四　炮8退1
30. 马二进四　卒7进1
31. 相一退三　象5退7
32. 兵一进一　象3进5
33. 车四平二　炮8平6
34. 车二进三　炮6平9
35. 兵一进一　马9退7
36. 车二平三　马7退9
37. 兵一进一！象7进9
38. 马四进五！车4进2
39. 车三平二　象9退7
40. 马五退四　马1进2
41. 兵七进一！马2进3
42. 相五退七（图322）

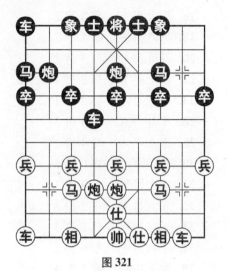

图 321

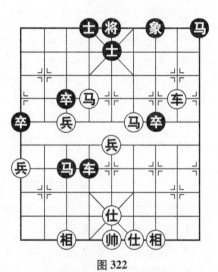

图 322

第162局　万春林胜汤卓光

1. 炮二平五　炮8平5	2. 马二进三　马8进7
3. 车一平二　车9进1	4. 马八进七　车9平4
5. 兵三进一　马2进1	6. 仕六进五　车4进7（图323）
7. 炮五平四　炮5平3	8. 相三进五　卒3进1
9. 兵九进一　象7进5	10. 车二进八　士4进5

11. 车二平四　炮 3 退 1

12. 车四退四　车 4 平 2

13. 车九进二！车 2 平 4

14. 车四平八　炮 2 平 3

15. 炮八退二　前炮进 4

16. 兵一进一　马 1 进 3

17. 车八退一　卒 3 进 1

18. 相五进七　马 3 进 5

19. 相七退五　前炮退 2

20. 兵五进一　马 5 进 3

21. 马七退九！车 4 退 3

22. 炮四进二！车 4 平 5

23. 炮四平七　后炮进 4

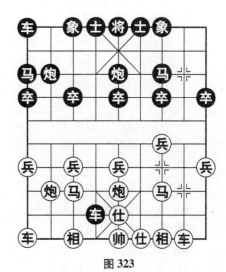

图 323

24. 相五进七　车 5 平 7

25. 马三进五　车 7 平 5

26. 相七退五　炮 3 平 8

27. 马九进七　卒 7 进 1

28. 车八进一　卒 5 进 1

29. 车八平五　卒 5 进 1

30. 马五进七　车 1 平 2

31. 前马进六！卒 5 平 4

32. 炮八平九　马 7 进 5

33. 车九进一！炮 8 进 5

34. 相五退三　炮 8 退 8

35. 车九平五　马 5 进 6

36. 马七进六　车 2 进 9

37. 炮九进六　车 2 平 3

38. 仕五退六　车 3 退 5

39. 炮九进三　象 3 进 1

40. 前马进八！车 3 退 3

41. 车五进四　将 5 平 4

42. 马六进五！（图 324）

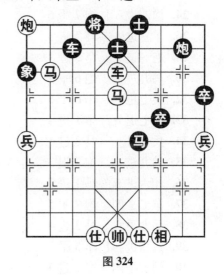

图 324

第 163 局　李志海胜林明彦

1. 炮二平五　炮 8 平 5

2. 马二进三　车 9 进 1

3. 车一平二　马 8 进 7

4. 马八进九　卒 1 进 1

5. 炮八平六　马2进1

6. 车九平八　车1平2（图325）

7. 炮六进五　炮2平3

8. 车八进九　马1退2

9. 车二进六　炮5退1

10. 兵三进一　炮5平7

11. 马三进四　士6进5

12. 炮六退六　象7进5

13. 马四进六　炮7退1

14. 车二进一！　马7退6

15. 车二进二　马6进7

16. 车二退二　马7退6

17. 车二退二　马6进7

18. 炮五平八　炮3平4？

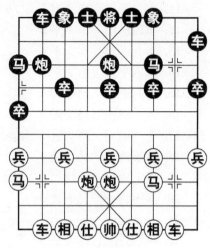

图 325

19. 炮八进六！　士5进6

20. 炮六进六　车9平2

21. 车二进二　车2平4

22. 炮六平四　车4进3

23. 车二平三　车4平6

24. 炮四进一！　炮7平6

25. 炮四平一　炮6进9

26. 车三进一　马2进3

27. 兵七进一　炮6退1

28. 炮一进一　卒3进1

29. 兵三进一　象5进7

30. 马九进七　炮6平7

31. 车三平二　车6进2

32. 兵七进一　车6平5

33. 马七退五　卒1进1

34. 兵七进一　马3进1

35. 兵九进一　炮7退3

36. 仕六进五　马1进3

37. 车二平四　炮7平5

38. 兵七平六　马3进4

39. 兵六进一！　车5平7

40. 帅五平四　车7进3

41. 帅四进一　炮5平6

42. 马五进四　车7退1

43. 帅四退一　马4进5

44. 马四退五！（图326）

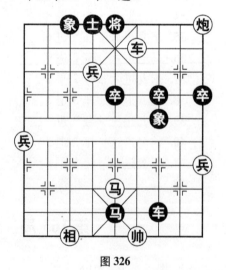

图 326

第 164 局 阎文清胜谢岿

1. 炮二平五 炮8平5
2. 马二进三 马8进7
3. 车一平二 车9进1
4. 马八进七 车9平4
5. 仕六进五 马2进1
6. 兵三进一 炮2平3 （图327）
7. 车九平八 车1平2
8. 炮八进四 士4进5
9. 车二进五 车4进4
10. 炮八平五 车2进9
11. 马七退八 将5平4
12. 前炮退二 炮5平4
13. 马八进九 象7进5

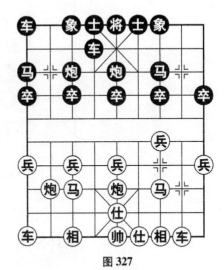

图 327

14. 车二平八 马7进5
15. 兵九进一 卒7进1
16. 相三进一 卒7进1
17. 相一进三 卒3进1
18. 车八进一 马5进7
19. 车八退二 车4进1
20. 前炮平六 将4平5
21. 马三进四 车4平5
22. 马四进六 炮4进3
23. 车八平六 炮3退1
24. 马六进七！士5进6
25. 车六进四 士6进5
26. 炮五平八！马7退5
27. 车六退二 士5进4
28. 车六进一 马5退3
29. 车六平七 炮3平8
30. 炮八平二 炮8平9
31. 相三退五 车5平4
32. 马九进八 车4退1
33. 马八进七 炮9进5
34. 马七进五 象3进5
35. 车七平九 将5进1
36. 车九进一 将5退1
37. 车九进一 将5进1
38. 车九退一 将5退1
39. 车九退二 卒9进1
40. 车九平五 车4进1
41. 车五进一 将5平4
42. 相五退三 炮9平5
43. 仕五进六 炮5平3
44. 仕六退五 卒3进1
45. 炮二平六！卒3平4
46. 车五平四 卒9进1
47. 车四平六 将4平5
48. 车六平五 将5平4
49. 炮六退二！（图328）

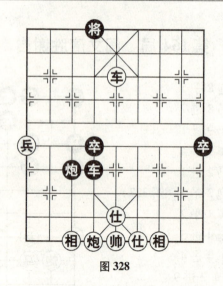

图 328

第 165 局　吕钦胜余仲明

1. 炮二平五　炮 8 平 5	2. 马二进三　车 9 进 1
3. 车一平二　马 8 进 7	4. 炮八平六　车 9 平 4
5. 仕四进五　马 2 进 3	6. 马八进七　车 1 平 2
7. 车九平八　车 4 进 5（图 329）	

8. 车二进八　卒 5 进 1

9. 车二平七　马 7 进 5

10. 车八进四　士 6 进 5

11. 兵三进一　车 4 平 3

12. 车八进二！卒 5 进 1

13. 炮五进二　车 3 进 1

14. 相三进五！车 3 退 3

15. 炮五平七　炮 5 平 8

16. 炮六平七！车 3 进 1

17. 相五进七　炮 8 退 1

18. 车七退一　马 5 退 3

19. 相七退五！象 3 进 5

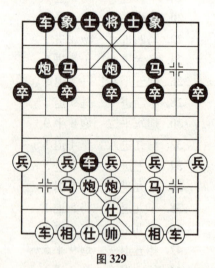

图 329

20. 炮七进五　炮 2 退 1

21. 马三进四　车 2 平 3

22. 马四进六　炮 2 平 4

23. 车八平七　炮 8 进 1

24. 炮七进一 士5进4	25. 马六进四 士4进5
26. 兵三进一！炮8进1	27. 兵三进一 炮8平6
28. 兵三平四 士5退6	29. 兵四平五 卒1进1
30. 后兵进一 卒9进1	31. 后兵进一 炮4平5
32. 帅五平四 炮5平4	33. 车七退二 车3平2
34. 车七平四 士6进5	35. 车四进一 车2进6
36. 车四平一 车2平1	37. 帅四平五 卒1进1

38. 后兵平六 卒1平2

39. 兵六进一 车1平4

40. 兵一进一 卒2进1

41. 车一平八 炮4退1

42. 兵一进一 车4平9

43. 兵一平二 车9平8

44. 炮七平九 卒2平3

45. 兵二平三！卒3进1

46. 炮九进一 象5退3

47. 车八平七！炮4平1

48. 车七进四 士5退4

49. 车七平九 士4退5

50. 车九退二（图330）

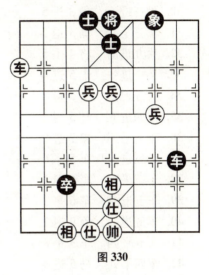

图 330

第166局 吕钦胜言穆江

1. 炮二平五 炮8平5	2. 马二进三 马8进7
3. 车一平二 车9进1	4. 炮八平六 马2进3
5. 马八进七 车1平2	6. 车九平八 炮2进4
7. 仕四进五 卒7进1	8. 车二进四 车9平4（图331）
9. 车二平七 象3进1	10. 兵三进一 卒3进1
11. 车七平四 卒7进1	12. 车四平三 马7进6
13. 车三进五！炮2平5	14. 车八进九 马3退2
15. 马三进五 炮5进4	16. 帅五平四 车4平6
17. 帅四平五 马2进3	18. 车三退五 车6平4
19. 帅五平四 车4进4	20. 车三进一 车4平6
21. 帅四平五 炮5退2	22. 炮六进五！士4进5

23. 车三进一！ 车6平5
24. 炮五进三 车5退1
25. 炮六平二 将5平4
26. 车三退一！ 马3进4
27. 炮二进二 将4进1
28. 炮二退四 将4退1
29. 炮二平四 象1退3
30. 相三进五 象3进5
31. 车三平二 马4退3
32. 兵九进一 将4平5
33. 兵一进一 士5进6
34. 仕五退四 象5退7
35. 仕四进五 马3退5
36. 车二平三 象7进9
37. 车三进一！ 车5平6
38. 车三平五 车6退1
39. 车五退一 车6平3
40. 车五进二 象9退7
41. 车五平四 车3平6
42. 车四平九 马5进4
43. 马七进五 马4进5
44. 马五进三 车6平7
45. 车九进二 将5进1
46. 车九平四 马5进3
47. 马三进四 将5平4
48. 车四退一 将4退1
49. 马四进五！ 将4平5

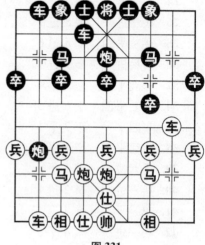

图331

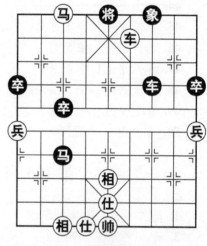

图332

50. 马五进七（图332）

第167局 葛维蒲负孙勇征

1. 炮二平五 炮8平5
2. 马二进三 马8进7
3. 车一平二 车9进1
4. 炮八平六 马2进3
5. 马八进七 车1平2
6. 车九平八 炮2进4
7. 炮六进五 车9平7（图333）
8. 车二进四 卒7进1

9. 仕四进五　车2进4

10. 车八进二　马7进6

11. 炮六退四　车7平2!

12. 炮六平八　前车进2

13. 车八进一　车2进5

14. 车二平四　车2平3

15. 车四进一　车3进1

16. 车四平三　车3进2!

17. 车三进四　卒3进1!

18. 兵三进一　车3退4

19. 车三退四　士4进5

20. 炮五平六　车3进2

21. 相三进五　炮5平6

22. 车三平四　马3进2!

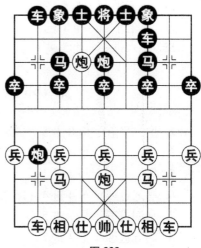

图 333

23. 马三进二　马2进1

24. 马二进三　马1进2

25. 马三进一　马2退4!

26. 仕五进六　车3平4

27. 车四平七　象3进5

28. 马一进三　将5平4

29. 车七进一　象5退7

30. 仕六进五　车4平5

31. 车七平五　卒1进1

32. 兵五进一　车5退1

33. 车五平六　炮6平4

34. 马三退四　车5平9

35. 兵三进一　将4平5

36. 马四进三　将5平4

37. 兵五进一　车9平7

38. 兵五平四　炮4退1

39. 马三退四　士5进6

40. 马四退六　将4平5!

41. 车六平五　炮4平5

42. 帅五平四　象7进9

43. 马六进七　象9进7

44. 车五平六　车7平6

45. 仕五进四　炮5平3

46. 车六平五　士6进5

47. 兵四平三　车6进1

48. 帅四平五　将5平6

49. 马七进五　士6退5

50. 车五进二　车6退4!

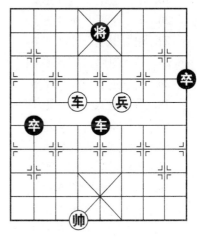

图 334

51. 车五平七	车6平5	52. 帅五平六	将6平5
53. 车七平六	卒1进1	54. 兵三平四	卒1平2
55. 车六进一	将5进1	56. 车六退四	车5进2!（图334）

第 168 局　张江负陆峥嵘

1. 炮二平五	炮8平5	2. 马二进三	马8进7
3. 车一平二	车9进1	4. 马八进七	车9平4
5. 兵三进一	马2进1		
6. 马三进四	车4进4（图335）		

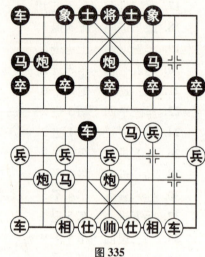

图335

7. 马四进五	马7进5		
8. 炮五进四	士4进5		
9. 相七进五	炮2平4		
10. 车九平八	车1平2		
11. 炮八进六	车4进2		
12. 车八进二	车4退3		
13. 仕四进五	卒1进1		
14. 兵七进一	卒3进1		
15. 兵七进一	车4平3		
16. 车二进九	马1进2		
17. 炮八平六	马2退3		
18. 车八进七	马3退2	19. 马七进八	炮4进6!
20. 车二平三	炮4平1	21. 帅五平四	炮1进1
22. 相五退七	车3平6	23. 帅四平五	车6平2
24. 马八退六	将5平4!	25. 炮六退四	炮5进4
26. 相三进五	车2平8	27. 炮五平四	车8平6
28. 马六退八	车6退1	29. 马八退九	车6平2
30. 车三退二	车2进6!	31. 车三平六	将4平5
32. 车六进一	马2进1	33. 炮六平五	士5进4
34. 车六退一	车2平4	35. 车六退四	炮5平1
36. 车六平七	将5进1	37. 车七进六	车1平2
38. 车七退六	炮1退1	39. 炮五进二	卒9进1
40. 车七平五	车2退7	41. 车五进二	车2进2
42. 车五退一	将5平4	43. 车五平六	将4平5

44. 车六平五　马1进3

45. 炮五平六　将5平6

46. 车五平七　马3进2!

47. 车七退一　车2平4

48. 车七平八　马2退3

49. 车八平四　将6平5

50. 车四进三　炮1进4

51. 炮六平三　马3进4

52. 车四平五　将5平4

53. 相五退三　马4进2

54. 车五平四　车4平5

55. 车四平六　将4平5

56. 车六退五　车5平3!

57. 相三进五　马2进3

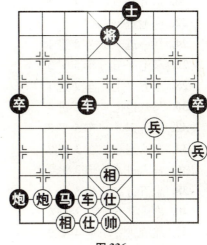

图 336

58. 炮三平八　炮1退1

59. 炮八退五　车3平4!（图336）

第169局　阎文清负胡荣华

1. 炮二平五　炮8平5

2. 马二进三　马8进7

3. 车一平二　车9进1

4. 马八进七　车9平4

5. 兵三进一　马2进1

6. 仕六进五　炮2平3（图337）

7. 车九平八　车4进4

8. 炮五平四　车4平7

9. 马三进二　车1平2

10. 炮八进四　士4进5

11. 相七进五　车7退1

12. 马二进一　马7进9

13. 车二进六　炮5平7

14. 炮八平五　象3进5

15. 车八进九　马1退2

16. 车二平一　车7进5!

17. 炮五平九　卒3进1

18. 车一退二　车7退5

19. 车一平八　马2进1

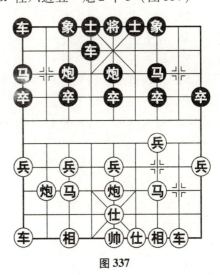

图 337

20. 炮九平五　车7平5　　21. 车八平五　车5平4

22. 兵七进一　炮7平8　　23. 炮四平二　卒7进1

24. 兵一进一　卒3进1　　25. 车五平七　车4平5!

26. 车七平五　车5平3　　27. 马七进八　车3平2

28. 车五平七　车2退1　　29. 炮五退一　马1退2!

30. 马八退七　马2进4　　31. 车七平八　车2平5

32. 炮五退一　车5平3　　33. 马七进六　车3进3

34. 车八退一　车3退2　　35. 车八进二　车3平2

36. 马六进八　炮3进2　　37. 炮二进四　马4进2

38. 炮五进二　炮3平4　　39. 马八退七　炮4进1

40. 炮五平八　马2进4　　41. 炮二退一　卒7进1!

42. 相五进三　炮4平9　　43. 马七进六　炮9进4!

44. 炮二退五　马4进6　　45. 兵五进一　马6退8!

46. 炮二平三　马8进7　　47. 炮三平二　马7退8

48. 炮二平三　马8进6

49. 炮三平二　马6进8

50. 炮八平二　马8进7

51. 后炮平三　炮8平7

52. 炮二平三　炮9平8

53. 马六进八　马7进9

54. 帅五平六　炮7进7

55. 帅六进一　炮7退1

56. 仕五进四　士5进4

57. 马八进六　将5进1

58. 马六退八　马9退8

59. 炮三退三　炮7平9

60. 马八退六　马8进7!（图338）

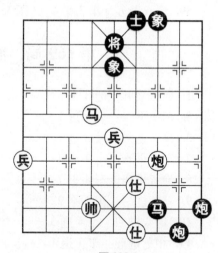

图338

第 170 局　吕钦胜胡荣华

1. 炮二平五　炮8平5　　2. 马二进三　马8进7

3. 车一平二　车9进1　　4. 马八进七　卒3进1

5. 兵三进一　车9平3!（图339）　6. 相七进九　马2进1

7. 车二进六　炮2进1　　8. 仕六进五　炮5平4

9. 兵五进一　象3进5

10. 马七进五　士4进5

11. 车二进二　车3进2

12. 车九平六　马1退3

13. 车二平四　卒1进1

14. 兵五进一　卒5进1

15. 马五进四　炮2退2

16. 马四进五　马3进5

17. 炮五进五　将5平4

18. 车四退一　象7进5?

19. 车四平五　炮2平4

20. 车六平七　车1平2

21. 炮八平五　马7退9

22. 车五退二　马9退7

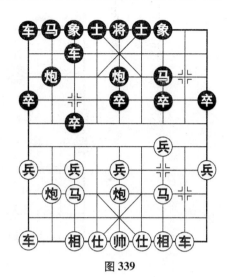

图339

23. 马三进四　后炮平3

24. 炮五平二!　车3平6

25. 马四进五　车2进3

26. 马五退七　车6平3

27. 兵七进一　马7进6

28. 车五退二　车3平4

29. 相三进五　车4进1

30. 车七进三!　炮3进2

31. 相九退七　车2进6

32. 炮二进七　将4进1

33. 仕五进六　马6进5

34. 炮二退四!　马5退6

35. 兵三进一　车4进3

36. 仕四进五　车4退4

37. 兵三平四　卒7进1

38. 炮二退五　马6进8

39. 兵四平五　车2退6

40. 车七平八　车2进3

41. 车五平八　炮3平2

42. 马七进八　炮4平3

43. 炮二进三!　马8退6

44. 炮二平七　马6进5

45. 炮七进四　车4退1

46. 车八进三　车4平3

47. 车八平六　士5进4

48. 马八退九　将4退1

49. 帅五平六　卒9进1

50. 兵九进一　士6进5

51. 车六平五　马5进4

52. 车五退三　马4进5

53. 帅六进一　马5退7

54. 车五平三　马7进2

55. 帅六退一　马6退8

56. 车三进二　将4平5

57. 车三平一　车3退2

58. 车一平二　马8退6

59. 车二退三　马6退5

60. 车二进一!（图340）

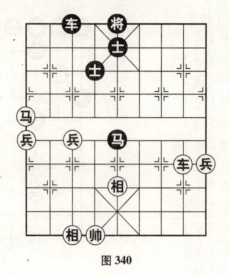

图 340